李玲玲 著

『浙志雅集』系列文化丛书

主 编 郑金月

副主编 袁新国 汤敏

商贸集

浙江工商大学出版社丨杭州

图书在版编目（CIP）数据

商贸集 / 李玲玲著 . -- 杭州 : 浙江工商大学出版社，2025.7. -- （"浙志雅集"系列文化丛书 / 郑金月主编). -- ISBN 978-7-5178-6459-2

Ⅰ . F729

中国国家版本馆 CIP 数据核字第 2025BE5993 号

商贸集
SHANGMAO JI

李玲玲 著

出 品 人　郑英龙

策划编辑　张晶晶

责任编辑　张晶晶

责任校对　杨　戈

封面设计　观止堂 _ 未氓

插　　图　叽哩呱啦

责任印制　屈　皓

出版发行　浙江工商大学出版社

　　　　　（杭州市教工路 198 号　邮政编码 310012 ）

　　　　　（ E-mail:zjgsupress@163.com ）

　　　　　（ 网址:http://www.zjgsupress.com ）

　　　　　电话:0571-88904980，88831806（传真）

排　　版　南京观止堂文化发展有限公司

印　　刷　浙江海虹彩色印务有限公司

开　　本　710mm×1000mm　1/16

印　　张　17.5

字　　数　210 千

版 印 次　2025 年 7 月第 1 版　2025 年 7 月第 1 次印刷

书　　号　ISBN 978-7-5178-6459-2

定　　价　89.00 元

"浙志雅集"系列文化丛书编委会

主　任：郑金月

副主任：袁新国　周祝伟

成　员：段　愿　徐　鹏　汤　敏

　　　　　李迎春　宫云维

"浙志雅集"系列文化丛书编辑部

主　编：郑金月

副主编：袁新国　汤　敏

成　员：王孙荣　潘玉毅　吴冶平

　　　　　沈　珉　杨大东　李玲玲

　　　　　徐进伟　王彬竹　戴依依

总序

　　钱塘潮涌，西湖潋滟，这片被吴越烟雨浸润千年的土地，始终以独特的方式书写着中华文明的传奇。地方志作为中华文明的瑰宝，承载着地域历史的重量与人文精神的精髓。2022 年 7 月，历时十一年编修而成的一百一十一卷皇皇巨作 —— 新编《浙江通志》在杭州首发，在浙江文化史上留下浓墨重彩的一笔，成为浙江省"文化高地建设的一座耀眼丰碑"。时任浙江省委副书记、省长、《浙江通志》编纂委员会主任王浩在《浙江通志》首发式上要求积极做好编纂成果转化应用推广工作，提出"打造一批可听、可视、可读、可体验的方志产品，更好满足人民群众的文化需求、精神需求，全面推动地方志'用起来''立起来''活起来''热起来'"。

　　浙江省地方志工作办公室与浙江工商大学出版社携手，以"推进方志走进大众视野、推广浙江文化"为宗旨，策划了方志文化普及项目"浙志雅集"系列文化丛书。丛书以新编《浙江通志》为深厚根基，精选食饮、非遗、风俗、商贸、奇人、名胜、驿舍七个最具浙江地方特色的文化主题，精心打造了《食饮集》《非遗集》《风俗集》《商贸集》《奇人集》《名胜集》《驿舍集》七本佳作。今天，奠基于新编《浙江通志》而创作的"浙志雅集"系列文化丛书就要付梓面世了。翻开"浙志雅集"，我们仿佛看见历史的沉香在新时代的晨光中重新燃起，听见江南文脉在当代语境下的生动回响，这正是推动地方志"用起来""活起来"的最好注脚。

"浙志雅集"是一次对地域文化的深情凝望。从《食饮集》中飘来的龙井茶香与绍兴酒韵，到《非遗集》里跃动的青瓷釉彩与龙泉剑光；从《风俗集》记录的蚕花水会与乌镇香市，到《商贸集》勾勒的千年商路与钱塘货殖……七卷本恰似七面棱镜，将十万多平方公里土地上的文化光谱折射得斑斓璀璨。编纂者以方志为基，却不止步于文献辑录，而是以当代视角重审传统，让沉睡的墨迹化作鲜活的叙事，使地方志真正成为"一方之全史"的立体呈现。

"浙志雅集"是一场文化表达的创新实验。编者深谙"大雅久不作"的现代困境，故以"雅集"为名，行"俗解"之实。《奇人集》中徐渭的癫狂与王冕的孤傲，在作者笔下化作性格鲜明的传奇；《驿舍集》里的官道驿站与商旅故事，借助地理信息系统焕发时空交织的意趣。那些已经泛黄的志书，与当代灵动的手绘插画相映成趣；严谨的考据文字与生动的民间掌故互为表里，恰似西泠印社的篆刻，方寸之间既有金石之坚，又见笔墨之韵。

"浙志雅集"更是一次文化基因的当代解码。当《名胜集》中的天台云海遇见文旅融合的现代诠释，当《驿舍集》里的运河

码头嵌入"诗路文化带"的建设图谱，传统文化不再是被供奉的标本，而是化作流动的智慧。丛书以"文化标识"为纲，力求构建一个可感知、可参与、可延续的文化生态系统，让古人的生存智慧与今人的精神诉求产生跨时空共鸣。

"浙志雅集"的七个主题，相互辉映，构成了一幅连景式的浙江文化地图。我们相信，每一位读者都能从中找到共鸣——无论您是土生土长的浙江人，还是远道而来的文化爱好者，这些故事都将唤起您对这片土地的深情与好奇。

"浙志雅集"作者团队主要由方志领域的专家学者组成，他们深耕浙江地方史志多年，以严谨的学术态度和深厚的专业素养，确保了内容的权威性与表达的新颖性。内容上，我们力求"简洁而有料"，每册控制在适当篇幅，避免冗长拖沓，确保涵盖核心精华；语言上，我们力求"通俗且有趣"，融入民间谚语、诗赋典故，让文化不再高冷，让历史亲切可触。一幅幅与内容相映成趣的手绘插图，配以简洁明快的文字，化作历史的明镜，照见浙江的过去与未来，使读者在轻松阅读的过程中汲取知识。

我们希望"浙志雅集"的价值不止于知识传播，更能体现其作为文化载体的多重功能。它可以是"枕边读物"，在忙碌的工作生活之余，您随手翻阅一册，便能领略浙江的千年风韵；它可以是"教科书"，让学生们了解浙江、探究浙江，更热爱浙江；它可以是"旅游指南"，为您畅游诗画山水、遍尝"浙"里美食指点迷津；它还可以是对外交流的"文化名片"，推动浙江文化"走出去"。

作为地方志工作者，我们深知推动方志文化创造性转化、创新性发展绝非一朝一夕之功。"浙志雅集"系列文化丛书的诞生，是多方协作的结晶——感谢浙江工商大学出版社的专业支持，感谢专家团队的辛勤耕耘，更感谢社会各界对地方志事业的关注。未来，我们将继续探索方志资源活化利用的新路径，为讲好浙江故事、中国故事贡献更多方志力量。

最后，愿"浙志雅集"如春风化雨，润泽人心；愿每一位读者开卷有益，尽享阅读之美；愿方志的星光，点亮文化的星空！

郑金月

乙巳年仲夏于杭州

前言

　　浙江省地处中国东南沿海，因省内最大的河流"钱塘江"穿流过境而得名。钱塘江古称"浙"，全名"浙江"，宋代的行政区域"两浙路"和明代的"浙江省"皆因此得名。"七山一水两分田"的地形特征和居全国首位的海岸线长度，再加上亚热带季风气候特征，这些得天独厚的地理风貌与水文条件，使得浙江天然就是适合商业贸易活动的区域。

　　浙江的商贸活动渊源深厚，五千年前浙江就出现了商业贸易的雏形。从良渚文化遗址考古发掘的物品来看，当时的农业水平已经相当进步，不仅出现了籼、粳稻等不同的稻谷种类，而且出现了手工打磨的石犁、石镰等农业器具。不仅如此，良渚的手工业实际上已经进化到较为精细的程度，考古出土的大量玉器、陶器、木器、竹器、漆器、象牙制品和丝麻产品，显示出较高的手工艺术水准，尤其是其中的玉器，如璧、琮、冠、玉镯、玉柱、玉钺等，丰富的种类，精美的图案，无不表明在良渚文化时期手工业已经从农业中分离出来，成为独立的产业，这也意味着手工业者可以通过物物交换获取生活物资，社会上已经出现具体的商品贸易行为。《考工记》的记载，可以印证这一点，其文曰："国有六职，百工与居一焉。或坐而论道，或作而行之，或审曲面埶，以饬五材，以辨民器，或通四方之珍异以资之，或饬力以长地财，或治丝麻以成之。"其中的"通四方之珍异以资之"就是指当时人们的商品贸易行为。良渚文化中展现出来的这些商贸现象，为后世市集的出现奠定了基础。

春秋时期，随着古越国的崛起，国境之内水流所过之处，逐渐发展成原始的草市，邦国城邑人口集中的地方，则出现了专门规划的市集。浙江境内的市场贸易发展迅速，到了秦汉之际，已经出现了以商业贸易来命名的城市，会稽郡内也出现专门作为浙江省内重要的商业贸易中心的"会稽市"。此后，浙江的商业贸易迅速扩展，不仅附近城市、村庄的人在市集进行交易，外来的商客也逐渐参与浙江的商业贸易活动，如乌程（位于今湖州南郊）和由拳（位于今嘉兴南部）在东汉末年已经发展成为太湖流域的商品集散地。

如果说春秋到两汉是浙江商业贸易的萌芽期，那么魏晋南北朝到唐代则是其快速发展期。尤其是随着东晋王室南渡，大量中原地区的贵族与民众纷纷涌入浙江。随之而来的，除了不断增长的人口数量，还有日益增加的商业需求。山阴县（今绍兴越城、柯桥区以西地区和杭州萧山东部地区）和永嘉郡（今温州地区）集市成型，出现了定期交易的现象。隋唐时期，随着京杭大运河的开通，杭州和中原地区的水路直接连通，浙江的丝绸、茶叶和黄酒源源不断地输往中原地区，中原物品也不时出现于浙江的城镇、乡村市集之中，甚至城市规划中也出现了专门用于商品贸易的市场。到了吴越国时期，杭州城更是形成了"前朝后市"的典型格局。浙江商品经济的发展，由此可见一斑。

宋元时代，浙江的商业贸易活动极为频繁。原来的坊市制度被草市、夜市和庙会等更富生命力的商业娱乐形式所取代。浙江境内诸行百市盛行，商品货物琳琅满目，有的地方甚至出现了夜不闭市的盛况。与此同时，随着杭州、明州（今宁波）、温州等地市舶司的开设，浙江的商贸范围进一步扩展，对外贸易日益频繁，日本、高丽、波斯、三佛齐等多个国家和地区的使者频繁往来浙江，浙江的商品也走出国门，走向世界。

明清时期，浙江的商业贸易活动进一步发展，各个城市与乡村不断涌现新的集市和各种类型的专业性行市。杭州、宁波、温州等城市不断往外输送浙江地方特产，又不断将省外各地的货物输回浙江，并分送到各个下属区域，商业经济形成良性循环模式。浙江的城市市集规模不断扩大，乡村集市也不断涌现，城市与乡村的商业贸易呈现辐射扩展形式。受商业模式的影响，城乡联系也较以往更为紧密。杭州、宁波、温州等中心区域中交通便利、环境优越的乡镇集市，其规模甚至超过了某些偏远地市的县城。

辛亥革命后，受战争、迁徙、避难等因素的影响，浙江的商业贸易活动一度消颓，但战争结束后，很快重出江湖，恢复极为迅速。

新中国成立后，浙江省各级党委和政府抓住机遇，健全商品贸易管理体制，积极促进市场的恢复与发展，浙江的商品率先获得了稳定流通的机会。浙江民众则积极抓住这个机会，不遗余力地开展各类商贸活动，扩大内需，提升外贸，加快商品流通的速度，扩展商品运输渠道和提升运输速度。浙江的商贸活动如万家灯火，点亮了中国商业贸易的版图。

浙江的商业贸易活动频繁，种类繁多。除了传统的蚕桑丝织品、茶叶、黄酒等特色产品，棉、米、粮、油等家庭常用物资，酒楼、锡箔、烟草、中药、书报、印刷、铸剑、借贷、钱庄、典当、旅游等行业的商业活动也在浙江百花齐放。随着新中国的成

立和改革开放的深入，义乌小商品市场、淘宝电商等商品贸易平台汇聚全国乃至全球的各种物品，集中批发、销售，分散传递货物，创新型的商业交易模式颠覆了传统的商品交割方式，一次次引领浙江商业模式创新变化，带领浙江省走向了商贸的新时代。浙江的商业活动不再是浙江的，而是全国的；不再局限于全国，而是走向全球。

与蓬勃发展的商业贸易活动稍显不对称的是，浙江古代至近现代的商业贸易文献整理与汇集至今仍不太充分。在撰写本书过程中，主要参考了《浙江通志》的《商品市场志》《出版志》《报业志》《蚕桑丝绸专志》《茶叶专志》《地方志》《海关志》《钱塘江专志》《烟草业志》《盐业志》《民营经济志》《轻工业志》《财政志》《雁荡山专志》《旅游志》《乡镇企业志》《纺织工业志》《冶金工业志》等多部志书和《浙江经济文化史研究》（林正秋）、《近代浙江对外贸易及社会变迁》（陈梅龙）、《宁波对外贸易史》（刘恒武、白斌、金城）及《浙江商贸流通史》等浙江商贸相关书籍，同时借鉴了大量期刊论文的研究成果，限于篇幅，此处不再一一介绍。然而参考资料虽多，由于笔者能力有限，挂一漏万，本书的归纳整理、分析撰写依旧不够完善，浙江的商贸活动远不止书中描写的这些。因此本书的撰述，只算得上对浙江古代商贸活动的窥豹一斑，书中所论也不过一孔之见。疏失纰漏之处，敬请读者批评指正。

本书的撰写，得到了多位同学的帮助。古代文学 2022 级研究生余文娇、廖世钧分别参与了集市、会市、蚕桑丝绸部分资料的搜集与撰写，汉语 2020 级学生毛冰冰对本书初稿进行了校勘，在此说明，并致谢忱。

目 录

浙商

商贸集

浙商小叙

浙江省位于长江三角洲南翼，背靠群山，面朝东海，陆地与海洋在这方水土相互交融。处于这样的地理环境，浙江人民既有勤劳朴实的农耕文明特性，又有开放创新的海洋文明特性。在这双重文明特性的影响下，浙江民间早就出现"重商崇儒""工商皆本"的社会特点。

北宋柳永《望海潮》词云："东南形胜，三吴都会，钱塘自古繁华。烟柳画桥，风帘翠幕，参差十万人家。"描绘的是旧时杭州城里的繁华富庶。北宋江南城市的繁华，并不仅限于杭州。事实上，浙江的大部分城市在当时都已经呈现出富庶的文明状态。柳永词下阕所说的"市列珠玑，户盈罗绮"则道出了催生这繁华富庶景象的浙江商业文化底色。那么，是什么支撑起浙江的商业文明？除了政府组织和相关职能部门外，更多的还是民间大大小小的商人们。

在长期的商业贸易活动中，浙江商人摸爬滚打，积累了大量原始的经验，由散而群，由群而帮，商业群体之间从竞争转向合作，形成了各类商业帮群，逐步成为推动浙江区域经济发展的重要力量，创造了遍及大江南北乃至全世界的传奇故事和浙江地区的经济奇迹。

这个群体，就是"浙商"。浙商通常指浙江籍企业家或商

人，"浙"字强调的是籍贯与身份，而不是特定的职业或行业。浙商靠着吃苦耐劳、勇于开拓的精神，在商海中摸索前行，既追求平等沉稳，又善于在不同的环境条件下积极变通。这是他们的普遍特征。"浙商"凭借踏实诚信的商业态度和积极进取的个性特征，在商海中随浪起伏，谋求发展与兴旺，展现出属于浙江商人的独特气质。

范蠡

范蠡，字少伯，春秋时期政治家、商人，浙商鼻祖。关于他的出生地，史上没有定论。《太史公素王妙论》曰："蠡本南阳人。"《列仙传》云："蠡，徐人。"《吴越春秋》言："蠡字少伯，乃楚宛三户人也。"三说之中，并无一说指向浙江。范蠡非浙江人，却被追述为浙商的远祖，究其原因，乃在于范蠡的主要功业完成于古越之地（今浙江北部），后世之人因此常把他当作越人。盛弘之在《荆州记》中云："荆州华容县西有陶朱公冢，树碑云是'越范蠡'。""越范蠡"三字便是其证。

范蠡帮助越王勾践消灭吴国，称霸诸侯之后，浮海出齐，改名换姓为鸱夷子皮。和其子一起耕作，很快便致富。后来又离开齐国，去了定陶。因把自己的哲学思想和计谋策略用于商业经营，不出几年，又取得了巨大的成功。"致赀累巨万，天下称陶朱公。"特别值得称道的是，范蠡视功名、金钱为身外之物，他离开越国之后，在十九年的时间里三次积累起千金巨资，又三次将金钱分与兄弟和朋友。因此他获得了司马迁的盛赞："故范蠡三徙，成名于天下，非苟去而已，所止必成名。"

虽时过境迁，但范蠡的商业思想放在今天仍有借鉴意义。

如他主张逐十一之利，追求薄利多销，不求暴利，符合传统的义利原则；主张择时而动，贵出贱取，与市场经济的自由调节原则不谋而合；主张农末俱利，提出"夫粜，二十病农，九十病末，末病则财不出，农病则草不辟矣"，把农民和商人的利益放在同样重要的位置；提出积著之理，主张减少囤货行为，提高资金周转率。世人称赞范蠡："忠以为国，智以保身，商以致富，成名天下。"

李邻德

李邻德，生卒年不详，唐代明州（今浙江宁波）人。在目前已知的文献记载里，李邻德是最早赴日进行商贸活动的商人，也是一位航海家。日本史籍《安祥寺惠运传》记载，会昌二年（842）春，李邻德从明州港起航，驾驶商船向东偏北横渡东海，直抵日本肥前松浦郡的值嘉岛（今日本九州西海岸外五岛列岛），再转航驶向筑紫的大津浦和难波，辗转多地。回国的路程，则是同年八月二十四日从博多扬帆，再到值嘉岛候风，等顺风时一口气横渡东海到达明州，同时将日本学问僧惠运带到了中国。这样，单程在正常情况下只需五天。

后来，唐大中元年（847）六月二十二日，明州的另一位商人张友信带领三十七人驾船从明州望海镇出发前往日本，利用了季风的特点，借助风力，扬帆起航，仅用三天三夜就到达了日本值嘉岛，创造了中日间帆船航速的最快纪录。

日本太宰府因为这些明州商团的到来，专门建造了鸿胪馆，供明州商团登陆后居住，并在那里直接和明州商团开展商贸活动。时至今日，日本九州福冈县还保留着鸿胪馆遗址，长崎县五岛市福江岛上留有一处明州商团的寄泊地，那留浦则保留着一口明州商人用过的汲水井。

周伫

周伫（？—1024），宋代温州人，工文善书。北宋真宗咸平元年（998），周伫随船到高丽经商，并在那里结识了高丽翰林学士蔡忠顺。时值高丽穆宗时代，蔡忠顺发现了周伫的才华，立刻密奏穆宗请求留人。郑麟趾的《高丽史》记载："周伫，宋温州人。穆宗时随商舶来，学士蔡忠顺知其有才，密奏留之。初授礼宾省注簿，不数月除拾遗，遂掌制诰。"就这样，周伫从一个跨国商人，摇身一变，成了高丽七品官员，供职礼宾省，不久后甚至开始帮助拟定诏书。从此，周伫正式移居朝鲜半岛。高丽显宗为避契丹入侵而南迁时，周伫因扈从有功，升任礼部侍郎，最后官至礼部尚书。因为他文采出众，后来连高丽写给北宋的外交文书，也多半出自其手。周伫通过自己在高丽的商务和政治、文化活动，丰富了温州人的生活轨迹，扩大了温州人的活动版图。

周伫被认为是到高丽经商、为官的第一位华人，也是温州侨居海外的先驱者。

沈万三

沈万三，原名沈富，字仲荣，湖州南浔人，是元末明初江南第一富商，也是当时的全国首富。其父沈祐，将家从湖州南浔镇迁至江苏周庄。其弟沈贵，字仲华，又号"沈万四"。

明朝初年，沿用元朝制度，将百姓分为"奇""畸""郎""官""秀"五等，其中"秀"为最上等。"秀"中又按照财产再分等

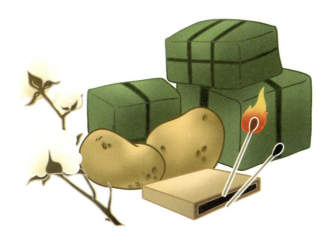

次，当时富人被称为"万户"。沈富排在万户第三等，因此被叫作"万户三秀"，简称"沈万三"，又称"沈秀"。

　　早年，沈家在其父亲沈祐的率领下，通过开荒发家。沈万三子承父业，继续开垦，经过数十年的苦心经营，金玉满仓，"田产遍于天下"，沈家已成为当地的豪富。与此同时，沈万三的聪明诚信和经商才能得到了汾湖富豪陆德源的极度欣赏，陆氏晚年将自己的万贯家财全部赠予沈万三，自己则看破红尘去开云馆当了道士。得了这笔巨资之后，沈氏的商业帝国如虎添翼。据《吴江县志》载，沈万三"富甲天下，相传由通番而得"，这里的"通番"就是与外国人做生意。他以周庄作为商品贸易与流通基地，广集货资，将中国的丝绸、茶叶、瓷器、工艺品等特产输往海外，又把海外的犀角、象牙、香料、珠宝等珍宝运到中国，迅速成为江南第一富豪。元明之际海路十分发达，郑和曾经七下西洋。沈万三大约在郑和以前，就已经通过海路贸易将瓷器、丝绸、茶叶等江南特产成功输往东亚与东南亚国家。

元至正二十七年（1367），太祖朱元璋攻打苏州城，沈万三等苏州富豪和当地百姓大力支持张士诚守城达八个月之久。城破后，沈万三怕明太祖采取报复措施，主动帮助修建南京城，并提供了三分之一的筑城资金。后来又以每人一两的标准，替明太祖犒赏百万大军。可惜明太祖忌惮沈万三收买军心，起意杀之，最后在马皇后的多次劝谏下，沈万三才免于死罪，仍被抄家，流放云南，他在那里度过了余生。

童珮

童珮（1524—1578），字子鸣，号少瑜。明代浙江龙游毂水乡桐冈坞村（现龙游县塔石镇童岗坞村）人，藏书家、书商。童珮出身于商业世家，祖父童永良曾在广东、福建一带经商致富，回到家乡后广置田产，在衢江北岸茶圩码头建造粮仓十二间、店面九间从事粮油贸易；父亲童彦青和叔父童富实都是书商，行走于吴越之间。童珮童年时随着父亲在苏州、杭州、无锡等地辗转贩卖书籍，不仅增长了见识，还拓宽了商业视野。童年时代的这份经历，使童珮具备了优秀的古籍鉴赏能力，此后他每遇到珍善之本，常鼎力收藏。

青年时期，童珮师从归有光学习，受其影响，童珮的诗文写得清新隽永，不失古音，因而在士大夫间颇受欢迎。他与业师归有光亦师亦友；同时，童珮性喜交游，重信守诺，这使他与王世贞、王穉登、胡应麟等当世名士也成了密友。

童珮平时喜读书，无事常手执一卷，于船间屋内，发奋苦读。

童珮家中藏书丰富，多达两万五千卷，并且每卷皆由其亲自校勘，非常仔细。对此，胡应麟十分赞赏，曾夸他"所胪列经史子集皆犁然会心，令人手舞足蹈"。然而，针对童佩藏书之驳杂，胡应麟也不乏微词："猥杂无用之书占十之二三，诸大部类之书，则尽缺。"这大概与他爱好广泛有关，撰写诗文之余，他亦精于考据书画、金石彝器，而且还擅长工笔画，尤其擅长画花鸟鱼虫，描绘细腻，所画花鸟形象栩栩如生。

与父辈相比，在图书事业上，童珮扩大了经营范围，他不仅贩书，还自己刻书和印书。他为杨炯和徐安贞编过文集。杨炯曾任龙游县地方官，徐安贞曾任中书侍郎，两人皆为龙游乡贤。童佩呕心沥血，搜残补缺，为他们编纂了《杨盈川集》和《徐侍郎集》。他自己也著述颇丰，留下了《童子鸣集》六卷，收录于《续文献通考》和《四库全书存目丛书》中。他还和龙游乡贤余湘合纂万历丙子《龙游县志》十卷。另外，他流连山水，寄情于名山大川，写下了脍炙人口的《九华游记》《南岳东岱诗》等诗文。童佩通过扩大经营版图、降低成本，在图书经营上获得了丰厚的商业利润，不久成为富甲一方的书商。

除此之外，童珮生活朴素，热心公益，贩书致富后依旧保持节俭的习惯，他曾自称："田父甘田中食，不忧馁也。"成名之后，他依旧保持艰苦朴素的农家生活习俗。为了让寒门子弟也读得上书，他将家中田亩租金用以创办村塾。又因当地人觉得生女无用，穷人家常有溺杀女婴者，他便将平时节省之资捐给生女孩的人家，保护了许多刚出生的女婴。他勤奋好学，乐善好施，才识渊博，既传播了文化，又发展了商业，成为明代儒商的

典范。

李汝衡

　　李汝衡，生卒年不详，浙江衢州府龙游县商人。其父李鹤汀商贸经验丰富，曾行贾远至江夏。在这样一个充满商业氛围的家庭中成长，李汝衡自幼便耳濡目染，因而具备敏锐的商业洞察力和宏大的志向。继承家业后，他更是青出于蓝，经营的丝绸贸易范围覆盖了楚省（今湖北）十五郡，资产之巨，远胜其父。

　　李维桢的《赠李汝衡序》记载："所居积绮縠纻罽，穷四方之珍异，挽舟转毂以百数，所冠带衣履，遍楚之十五郡。"说的就是李汝衡商业王国的盛况，其所经营商品不再限于布匹丝绸，而是涵盖了世间服饰冠带之奇珍异宝，种类繁多，数量庞大，连运输货物的舟车数量都超过一百辆（艘）。

　　李汝衡善于把握商业机会，根据市场情况而吞吐吸纳，平衡物价。他深受中华传统文化的熏陶，亦贾亦儒，注重自身修养，富有社会责任感，为人宽厚诚信，人望其好。《赠李汝衡序》还记录了数则他的故事，如：有人向他借贷，他热情相助，不斤斤计较利息多寡。即使对方借而不还，他也宽仁善待，不再索还。若是遇上官府征需，他也不会推脱厌恶，而是定额定时完赋。如此这般，他的声望日渐提升，楚地民众多愿与之交往。对于来客，他常以礼相迎，置酒高会，热情相待。时人皆誉之为"侠士"。

　　李汝衡成功的实例，正好印证了明代龙游商帮诚信开放的积极心态和天涯贾客的豪迈气魄。明中叶嘉靖、隆庆、万历年间（1522—1620），社会上流传着两句谚语："钻天洞庭遍地徽""遍地龙游商"。这两句谚语反映出洞庭商人、徽州商人、龙游商人遍布全国，并在商界称雄的格局气势。李汝衡、童珮等龙游商人身上展现出来的埋头苦干、亦儒亦商的品格，为他们赢得了社会的尊重。因此才华出众的名士李维桢（正二品官员）也乐于和李汝衡结交，并专门为他写序。这也反映出在商品经济发达的明代，商人群体已成长为一股不可小觑的力量。他们不仅在物资流通领域发挥着不可或缺的作用，而且逐渐获得世人的重视，得到应有的社会地位和礼遇，这也昭示着当时社会的发展与进步。

刘镛

刘镛（1826—1899），名介康，字贯经，因排行第三，人称"刘三东家"。刘镛祖籍浙江绍兴上虞，清康熙初年，其远祖刘尚迁居吴兴（今湖州）南浔，自此刘家人在此安家。刘镛不仅是商人，也是实业家、慈善家。

由于祖上贫苦，年轻时候的刘镛为贴补家用，既当过走街串巷，为人家修补铜锅铜勺的铜匠，也到镇上的棉绸布店当过学徒。但他觉得以上这些均不是长久之计。于是他改去镇上谈德昌丝行打工，在那里，刘镛凭着自己的聪明，学到了经营门道，悟出了钱生钱的秘诀。他发现从蚕农那里收购蚕丝，再转卖给从上海过来的洋行买办，一进一出就可以赚钱。于是，二十岁时，他就离开了谈德昌丝行，与两个老乡合作，凑钱开了自己的第一家丝行。当时正值外国资本大肆收购中国农副产品之时，南浔的丝贸生意盛况空前，刘镛就抓住这个机遇，迅速扩展业务。十六年后，他当初投入的两百元本金已增值至数十万。汤寿潜说："不数年，业翔起，当同治初，已殖财数十万，号巨富。"

之后，曾国藩在江南大办盐业，通过发售盐票充实国库。刘镛抓住机遇，移师淮扬，申请了盐票，在经营上开始盐、丝并举，不久就成为当地的盐业巨头。随后，他又投资典当业。通过不断扩大经营范围，他的商业帝国资产累计最终多达两千万银圆。

清末状元兼资本家张謇曾评价说，清咸同以来东南以富著称，"而能以风义自树立于当时者"，在浙江只有三人，即杭州的胡光墉、宁波的叶澄衷和湖州的刘镛。说明刘镛不仅家财万贯，善于行商，更因其富于道义而名扬四海。在南浔当地，其名声更是家喻户晓，所以张謇说："南浔，一天下之雄镇已，莫不闻刘氏。"

叶澄衷

叶澄衷（1840—1899），原名叶成忠，浙江慈溪人，出生于镇海县庄市（现镇海区庄市街道）。清末宁波商帮的先驱和领袖。

叶澄衷年少时，曾在私塾学习，但不到半年就因家贫而辍学。十一岁那年，他前往油坊做学徒，十四岁时到上海杂货店当店员，旋即离职。随后，他就开始在黄浦江面驾舢板，通过向外国人售卖商品而获利颇丰，并渐渐粗通英语。同治元年（1862），二十二岁的叶澄衷在虹口自立门户，开设了名为"老顺记"的五金洋杂货店，专供外轮所需的船舶五金。此后，业务逐步扩展，渐至钢铁五金、机械五金、制造五金、化工五金及军需五金等，还引入英国配件进行销售。不出数年，他又接连开出"新顺记""南顺记""义昌成记""北顺记"等十八所分号，商埠遍布长江中下游，成为在上海发迹的实业巨擘。

积累财富后，叶澄衷又将商业版图不断扩大，逐渐扩充至银钱业、房地产业、沙船业、火柴业和缫丝业等。他经营的钱庄就多达百余家，遍及国内各个大中城市，比较著名的有余大、瑞大、志大、承大等。借助庞大的银钱业带来的充沛资本，光绪十五年（1889），四十九岁的叶澄衷与徐子静合办鸿安轮船公司，公司先后开辟出长江上的申汉线，北方沿海的天津、烟台、牛庄线，东南沿海至汕头、淡水、基隆等地的海上航线。他的轮船公司规模庞大，仅次于英商的"太古""怡和"与中国招商局。五十岁时，他又与宋炜臣同开燮昌火柴厂，并在汉口、苏州设立分厂。他生产的火柴品质优良，超过英商燧昌自来火局，对方因此而倒闭，日商也无法与其抗衡，称他是"生意精"。光绪二十年（1894），五十四岁的叶澄衷又在上海开缫丝厂。他几乎干一行成一行，可以说生命不止，商贸不息。

叶澄衷不仅在商业上取得了巨大的成功，还将这种成功反哺社会。因感念自己幼时家贫辍学之苦，成功之后，他便热衷于教育事业。早在1871年，叶氏便在上海的一次慈善会议上坦言："兴天下之利，莫大于兴学。"会后，他就筹办了顺记商务学堂。1875年，他在上海创办叶记商务学馆。1898年叶氏宣布拟办一所学校教化儿童，出资十万两。后来由于学堂扩建，叶澄衷长子叶松卿出资十万两，不久叶澄衷的诸公子勉卿、子衡、又新、铁卿等人出资十万两。蔡元培、白振民、蒋子帆、谢利恒、曹慕管等人先后在该校担任校长。当学堂正式开学时，光绪帝御笔"启蒙种德"匾额，喀喇沁王赠"械朴权舆"匾额，足见当时播声之远。对于家乡，叶澄衷也是念念不忘，给庄市家乡的崇正书院捐银洋五千元，又把乡里的十七所私塾、学馆、书院都改成西洋式学堂。此外，他还在家乡创办叶氏义塾，该义塾后来发展成中兴学堂，培养出了包玉刚、邵逸夫等一大批优秀人才。

吴锦堂

吴锦堂（1855—1926），原名吴作莫，锦堂为字，浙江省慈溪人。他是中国近代著名实业家。

据吴氏族人所言，明朝初年他们的祖先从江西迁来慈溪，历代以务农为生，他们通过开垦新涨滩涂获取生活来源。这种家庭传统传到吴锦堂的父亲吴麟初时，已传了十二代。一般而言，外地迁来滩涂的居民都十分贫困。到了吴麟初时，连年的天灾人祸导致家境更是雪上加霜。吴锦堂作为家中长子，小小年纪便辍学务农。幸而他的父亲并未就此放弃对他的文化教育，耕作之余常让他跟从在私塾当先生的伯父课读识字。

稍长大后，吴锦堂就到宁波做磨豆腐的小工。当时，"打铁、撑船、磨豆腐"是出了名的苦营生，他起早贪黑、肩挑手推，极其辛苦。这样的磨炼，为他日后在上海滩乃至日本的打拼，奠定了体能和心理上的基础。他凭借勤劳能干的品质，两年之后，便被推荐到上海萃丰油烛店当帮佣。在做帮佣的时间里，他不仅习算学文，而且由于精明能干，深得店主赏识，还被派到上海以外的店铺锻炼。他去苏州地区为店主经营业务，在那里的分店独当一面，得到了很多锻炼的机会。油烛虽不算大生意，但吴锦堂面对的顾客却比较繁杂，与三教九流，各色人等都有接触。吴锦堂在这个过程中，了解了社会各个阶层不同人群的心理特征，积累了大量商贾经营经验，并显露出惊人的商业才能。

1885 年，30 岁的吴锦堂深感列强欺凌下中国工商业的不景气，为了寻求出路，在友人资助下毅然东渡日本长崎。在那里，吴锦堂与人合伙从事物资转运服务。具体而言，就是代出口商在阪神地区采购物资并运送至长崎，又代进口商将进口货物运送至阪神地区，并交给坐商。通过这种投入少，资金流转快的营生，他很快就积累了资本，不久，又与人合伙在大阪设立了他自己的第一家商行——"义生荣"。

此后，他不断扩大业务范围，从运输、收购向制造业延伸，从为出口商购买运输转向自营出口，又从代进口商运销转向自行销售，并且涉足广泛的实业领域，成了大阪、神户地区著名的产业资本家。除此之外，他又将海外的商贸经验挪用到国内，在上海开设义生、裕生等洋行，并从事中日间棉花、大豆、火柴、水泥等贸易，逐渐成为日本关西实业界十巨头之一。1894 年，他被任命为"神户旅驻大清商人公举商董"，是神户中华会馆、神户三江公所的总代，成为神户华侨的领军人物。

1900 年，吴锦堂应李鸿章的要求，两次为清廷捐银，共计 3 万元，清廷赐其二品花翎道衔。同年，长江流域多地发生水灾，他捐银 3 万两。次年直隶、东三省等地歉收，他捐银 3.8 万两，并向中国红十字会捐款 3.2 万元，清廷复赐其三品京堂候补衔。为培养华侨子弟，他在神户创办多所学校，包括中华公学、同文学校等。辛亥革命爆发后，吴锦堂等阪神华侨成立了中华民国华侨统一联合会，大力声援辛亥革命。1912 年，中华民国南京临时政府成立，孙中山就任临时大总统，吴锦堂以鲜明的态度支持，曾分别向上海、宁波军政府捐赠银 2.65 万元和 1.64 万元，并出任浙江省军政府财政水利顾问。

1926 年，吴锦堂因急性肺炎在日本神户养和山庄辞世。弥留之际，他一再嘱咐把他的遗体运归祖国，并嘱咐后代不忘自己是中国子民。1929 年，他的灵柩被运回中国，长埋于慈溪市鸣鹤镇（今观海卫镇）吴公墓庄。

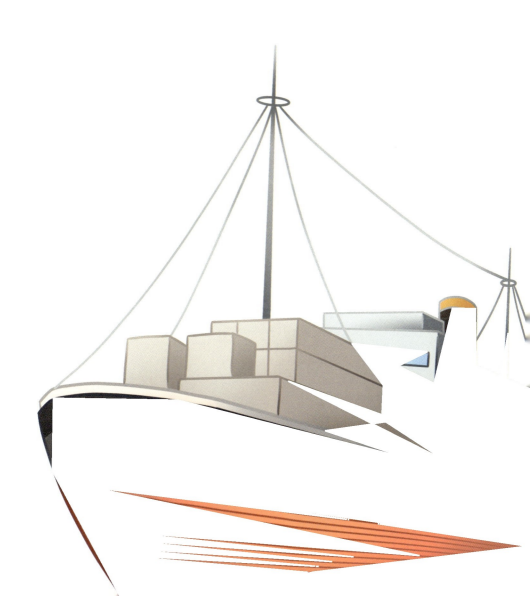

集市

商贷集

集市的历史

集市，古文中常简称为"市"，有时也称"集""墟""场"等，是商品集中交易的场所。《说文解字》云："市，买卖所之也。"集市的起源历史悠久，原始先民在经历了刀耕火种、捕鱼狩猎之后，生产力水平逐步提高，物品渐渐有了剩余。各部落间为了互通有无，便用以物易物的形式交换产品。随着物物交易规模的不断扩大，自然而然形成早期的集市。《周易·系辞》有言，"神农氏作……日中为市，致天下之民，聚天下之货，交易而退，各得其所"，这大概就是关于中国古代集市的最早记载。原始的集市，聚散无常，因此文献记载匮乏，历史遗迹也不多见。

浙江集市的发展源远流长。考古发掘材料表明，新石器时代晚期出现的良渚文明中，农业技术取得了明显的进步，手工业逐步从农业中分离出来，陶器、竹器、木器、丝麻纺织等均达到了较高的水平，尤其是玉器制作，无论是造型还是花纹都达到了相当精美的程度。良渚玉器不仅出现在环钱塘江区域、太湖流域这些良渚文明的代表地，连山西和广东都曾发现与出土过良渚的玉器。这个现象大概就是商品交换日益频繁，交易对象突破部族内部，开始延伸到部族之间的真实反映。这样的贸易探索为后来集市的出现与发展奠定了基础。

集市最初是自然形成的集中交易场所。古代社会，民众逐水而居，于是河边、水井边成了天然的交易地点。随着交易日益频繁，物品的种类也越来越多，买卖慢慢有了固定地点。随着社会发展，人们筑城建郭，交易场所也逐渐从天然的水畔湖泽变成城市。《考工记》曰："国有六职，百工与居一焉。或坐而论道，或作而行之，或审曲面埶，以饬五材，以辨民器，或通四方之珍异以资之，或饬力以长地财，或治丝麻以成之。""通四方之珍异以资之"就是指商贸活动。说明在《考工记》成书之前，商贸活动就已经纳入国家管理范畴，成为"六职"之一，具有重要的行政意义和社会价值。

考古资料表明，中国早期的城市中除了宫殿、庙和居住区域外，还有专门封闭形成群落的市。市，由高墙环绕，里面除了十字形、井字形的主街道外，还有里巷式的小街道。街道两边是各类店铺。阅读先秦文献，我们发现当时的店铺已出现区别与分工，沿街排列的称"列肆"，街后储存货物的称"店"，也称"邸舍"或"廛"。《礼记·王制》曰："古者公田，藉而不税，市廛而不税。"东汉郑玄注曰："廛，市物邸舍，税其舍不税其物。"孔颖达疏解："廛谓公家邸舍，使商人停物于中。"并且官府对市井的控制非常严格，设置"市令"或"馆长"进行专职管理，市场的开业与关门都要遵循一定的规定。

从浙江的集市发展历程来看，先秦至隋唐五代是集市的萌发与成长期，城镇综合性集市成为这个时期的代表性产物。周代，为加强市场管理，市成为城市内部有限定范围的商业区域，有专门的市场管理人员，市的周围设有门墙，市内商店根据它所买卖的商品种类集聚成行和肆。春秋战国时期，浙江集市贸易的内容、范围、制度等有了很大的发展，形成了一套完整的市场建设与管理制度，尤其是古越国的东部地区，出现了原始的集市。

　　秦始皇统一中国后，继续发展浙东贸易，在宁波设置了鄮县，以商品贸易为该邑重心，在这样的商旅氛围影响下，浙东地区很快成为太湖流域的商贸集散中心。

　　西晋末年，天下纷乱，衣冠南渡，大批缙绅、士大夫离开中原，扎根江浙。南朝时期，也有过几次大规模的北人南迁。屡次南迁，除了带来更多的人口外，也带来了更多的商贸需求。浙江城镇市集贸易盛行，农村也自发形成各类草市。

　　到了隋唐，随着京杭大运河的修建，南北交通更加便利，浙江的集市贸易氛围日益浓厚，城乡集市遍地开花。

　　宋代以后，浙江的集市进一步繁荣，出现了各种专门化的集市。原来的坊市隔离制度到了宋代日渐松散，浙江出现了坊市混杂的聚居形态，诸行百市如雨后春笋，相互依赖，热闹非凡。临安（今杭州）、绍兴、嘉兴、湖州、台州、严州（今建德梅城）等府均为当时的商旅胜地，车马、人员络绎不绝。南宋时期，浙江成为全国集市最为发达的地区之一，不仅集市数量增加，还出现了一批特色专业市场。除了区域之间的陆上交易，宋元时期的海上贸易也日益发达，政府在杭州、明州（今宁波）、温州、澉浦（今属海盐）等地先后设立市舶司，来规范与管理当时的海外贸易。

　　明清时期，浙江集市经济继续发展，形成了星罗棋布的市镇商业体系。农村的初级农产品和手工产品通过集市进入城镇社会，城市物品通过集市传播至农村乡舍。来往货品种类繁多，买卖甚至昼夜不绝。杭州北关、绍兴九里、湖州菱湖、桐乡崇福都曾出现过极其热闹的夜市。

集市的分类

根据交易的商品种类，集市可以分为综合性集市和专业性集市；根据集市的集期，可以分为不定期集市、定期集市和会市；根据集市交易的时间，可划分为早市、午市和夜市；根据集市的地理位置，可以分为城市集市与农村集市。浙江的集市，历史悠久，上述集市的种类，在浙江都曾存在过。

湖州的玉器交易

在湖州古遗迹的出土文物中，发现不少湖州先民们进行物物交换的痕迹。例如邱城遗址的下层，出土了大量作为装饰品的玉器，安吉县递铺街道安乐村的安乐遗址中层崧泽文化层中，累计出土各类遗物数百件，其中包括一些玉质配饰。然而湖州本地并不产玉。浙江境内玉产地在青田、昌化等处。外省玉产地离浙江较近的有山东邹城、莱阳等地。由此可见，湖州出土的玉器原材料并不一定来自本地，应有不少是通过物物交换从附近部落或遥远的氏族中得到的。

而从地理位置看，湖州的水文环境属于太湖支流的苕溪流域，属于良渚文化圈范围。这里的玉器制作工艺，与良渚的玉器文化一脉同源，距今已有 4300—5300 年的历史。湖州留下的这些遗址与出土玉器跟良渚文化所代表的玉器文明完全没有差别。实际上，湖州德清县的中初鸣遗址，就是当时规模最大的制玉作坊群。它与良渚古城遗址的直线距离甚至不超过 20 公里，属于同一文明的两个相邻地址。

前朝后市

《考工记》云："匠人营国，方九里，旁三门。国中九经九纬，经涂九轨。左祖右社，面朝后市，市朝一夫。"《考工记》这段记载，提供了先秦时期都城的建设样本，即工匠如果建造一座方圆九里的都城，那么边上旁开三个门。城中纵横各九条大路，每条路的宽度均可供九车并行。王宫位于城池正中间，宫左边建屋供奉历代祖宗，宫右边立庙祭祀社稷之神，皇宫前面是朝廷，后面是市场，朝廷和市场各占地一百步见方。

唐人罗隐在《杭州罗城记》中记载杭州"东眄巨浸，辖闽粤之舟樯；北倚郭邑，通商旅之宝货"，表现的就是这种类似《考工记》记载的"前朝后市"建筑格局。

吴越国时期，杭州成为国之都城，但格局依旧基本沿袭《考工记》的记载，仍然是"南宫北城""前朝后市"的城市格局。城南为王宫，城北为居民区，中间为闹市区，杭州城内的商贸集市就是在这块地方兴盛繁荣起来的。

杭州集市

魏晋南北朝时期，战乱频仍，相较于北方地区的战火纷飞，浙江偏安于东南一隅，因此大量北方贵族和中原民众纷纷涌入。《晋书·王导传》曰："洛京倾覆，中州士女避乱江左者十六七。"随着北人的到来，一时之间，浙江境内人文荟萃，商贸繁荣。

京杭大运河开通之后，杭州更是成为"咽喉吴越，势雄江海……骈樯二十里，开肆三万室"的代表性存在，成为钱塘江下

游地区的交通枢纽兼商业中心。集市贸易在这里发展得如火如荼，如白居易在《东楼南望八韵》中所说的"鱼盐聚为市，烟火起成村"，到处都有集市和村落，两者相辅相成。到了唐末，杭州城已形成南北两大商贸集市。

宋代以后，杭州的商贸往来更为繁荣。前文所言柳永在《望海潮》中描绘的"东南形胜，三吴都会，钱塘自古繁华，烟柳画桥，风帘翠幕，参差十万人家"，正是当时杭州城里的真实景象。繁荣当然离不开商业贸易，"市列珠玑，户盈罗绮，竞豪奢"描绘的就是当时的商贸盛况。甚至传言完颜亮读罢柳永的《望海潮》，顿起南征之念，提兵二十七万（号称百万）大举侵宋。传言未必可信，但是传言背后江南富庶文雅的描述却是历史事实。南宋建都临安（今杭州）后，四方士民商贾更是辐辏会聚。

宋人吴自牧在《梦粱录》中说："自大街及诸坊巷，大小铺席，连门俱是，即无虚空之屋。每日清晨，两街巷门，浮铺上行，百市买卖，热闹至饭前，市罢而收。盖杭城乃四方辐辏之地，即与外郡不同。所以客贩往来，旁午于道，曾无虚日。至于故楮羽毛，皆有铺席发客，其他铺可知矣。其余坊巷桥道，院落纵横，城内外数十万户口，莫知其数。"杭州城中即便街头巷角，也俱是铺面，而且货物种类丰富，连纸钱、羽毛也有专门的销售商铺。"杭州城内外，户口浩繁，州府广阔，遇坊巷桥门及隐僻去处，俱有铺席买卖。"街角巷尾隐蔽之处也有商贸市集。当时杭州城内，有人的地方就有市集贸易。而且杭城人口稠密，因此相较售卖其他冷门货物的商铺而言，米铺、肉铺更是须臾不可或缺。"杭城内外，肉铺不知其几，皆装饰肉案，动器新丽。每日各铺悬挂成边猪，不下十余边。"这里写的是清河坊至羊坝头一带的十里御街商业中心，由于杭州城内人口众多，因而肉铺也鳞次栉比，远远地排了一整条街道。时俗相沿，至今羊坝头仍旧是杭州市民购买牛羊肉的好去处。

到了元代，杭州作为南方最繁荣的商业城市，成为外国商人集聚的贸易中心。街道上不仅店铺林立，还出现了大市场。《马可·波罗行纪》记载，这些市场每边都长达半里。市场之间彼此相距四里，并且"市场被高楼大厦环绕着。高楼的底层是商店，经营各种商品"。这些市场生意红火，可以买到任何东西。"每个市场在一星期的三天中，都有四五万人光顾。所有你能想到的商品，在市场上都有销售。"并且城中鸡鸭鱼肉供应充足，人们对肉类和鱼类的消费需求比较大。"城内有许多屠宰场，它们的肉供应给富人和大官。至于穷人，则不加选择地吃各种不洁的肉，毫不厌恶"，"城市距海十五英里，每天都有大批鱼类运到城中。由于城市的污秽排到湖中，鱼长得非常肥美。几个小时之内，鱼就可以销售一空。因为居民的人数实在太多，而他们每餐都要吃鱼肉"。马可·波罗笔下的杭州肉类集市数量众多，肉类品种丰富，官员、富户每日都可以选购到新鲜的肉品，普通民众也几乎餐餐带鱼肉。这份记载即使有西方人进入东方感到新鲜而夸张的成分，却也描绘出杭州肉类商品交易密集的事实。

绍兴集市

绍兴在古代不仅是古越国的都城，而且商业文明发达，很早就涌现出了集市。早在秦汉时就已经有了正式的集市。《列仙传·朱仲》记载，汉高祖年间会稽人朱仲"常于会稽市上贩珠"，说明当时绍兴的集市上已经可以买到珍珠。《汉书·梅福传》又记载王莽时期，"人有见福于会稽者，变名姓，为吴市门卒云"。说的则是绍兴人梅福离开原址，去了吴地集市当守门的吏卒。

万历《绍兴府志》讲出了绍兴集市的具体位置和通行时间："越大市……在都亭桥。秦汉时，越人于此为市，即蓟子训卖药处，宋时废。""大市"二字显现出绍兴集市规模的宏大，属于旧时的综合性集市。大市不仅供当地居民交易货物，而且很快就吸引了海外民众。《后汉书·东夷传》记载："会稽海外有东鳀人，分为二十余国。又有夷洲及澶洲。传言秦始皇遣方士徐福将童男女数千人入海，求蓬莱神仙不得，徐福畏诛不敢还，遂止此洲，世世相承，有数万家。人民时至会稽市。"东鳀人是否为徐福后人虽未可知，但这段记载却反映了会稽市早在东汉以前就吸引了海外民众前来交易的历史现象。

《嘉泰会稽志》和万历《绍兴府志》等书记载，南宋时，绍兴府城内已有照水坊市、清道桥市、大高桥东市、大高桥西市、龙兴寺前市、释地市和江桥市。除此之外，山阴县还有钱清镇、梅市，会稽县有车城、三界、平水等集市。

到了明代，会稽县已经有了平水、马山、樊江、道墟、伦塘、白米堰、曹娥等七个集市，山阴县则有了漓渚、柯桥、夏履桥、安昌、玉山斗门等五个集市。

清乾隆年间，集市的数量继续增加，山阴县虽然废除了隆兴寺前市，却新增了东浦、下方桥集市；会稽县虽然废除了纂风市，却新增了皋埠、汤浦等集市。

这样发展到了新中国成立前夕，绍兴城中已经出现了大江桥、大云桥、长桥、北海桥等集市。周围也有偏门、西郭门、五云门、昌安门等集市。

草市

草市原指乡村地区由群众自动发起和形成的定期集市。相对于规范化的市场而言，草市的交易时间和地点并没有严格限制，主要为方便附近的居民进行货物交易，因此大都随处而设，城市周围、江河边和交通要道旁因交通便利，往往成为最常见的草市聚集地。

农村集市最重要的作用是组织商品流通，帮助农人之间进行商品交换。浙江农村集市有乡、市、里市、草市等不同类型。与城市集市相比，农村集市规模较小，市场设施也很简单。大部分农村集市都旺在早市，近午即散，故有"露水集""半天集"之称。

草市在各个不同的地方，具有不同的名称，南方如广东、广西、福建等地称"墟"或"虚"，川、黔等地称"场"，江西等地称"圩"，北方又称"集"。如今，衢州江山、常山等地的农村集市还被称为"墟"。

草市起源较早，大约东晋时建康（南京）城外就有草市。关于"草市"一名的由来，主要有两种说法：一说是因市场用的房子乃茅草房；一说草市即最初买卖草料的市集。无论具体因何，草市获得了蓬勃发展。

唐末五代，战乱频繁，不少江淮富户和城市居民选择到草市建草屋避难，从而使某些草市更加繁盛。杜牧在《上李太尉论江贼书》中曾谈及江淮间的草市，说"凡江淮草市，尽近水际，富室大户，多居其间"，道出了大富之家隐于草市的现象。到了宋代，由于市坊界限的突破，一部分草市发展成为居民点，个别的上升为县、镇，紧临州县城郭的则发展成了新的商业市区。

草市给不少文人墨客留下了深刻的印象。如《语儿见新月》云："几处天边见新月，经过草市忆西施。娟娟水宿初三夜，曾伴愁蛾到语儿。"就是唐代诗人徐凝对诸暨草市的追忆，于他而言，那里不仅是商品交易的场所，也是承载着他的审美与回忆的地点。《夜归》记载的"浮桥沽酒市嘈囋，江口过埭牛凌兢"和《杂赋》所说的"今朝半醉归草市，指点青帘上酒楼"则是陆游对绍兴浮桥边草市的生动描述，他去那里不仅是买酒、喝酒，也是给自己的人生留下缱绻难忘的记忆。经过文人墨客的勾勒，草市已经超越了纯粹的商业价值，上升为渲染文人回忆与情感的美好事件发生地。

台州期日市

期日市是明清时期温州、台州、丽水等浙东南地区特有的民间集市，这些地区与浙北地区相比，乡村贸易发育得相对晚些，"期日市"一直存在。所谓的"期日市"，是指台州府时辖的宁海县、天台县、仙居县以及宁波府的象山县、金华府的东阳县等浙江东南部的县市，它们的市镇贸易状态在比较长的一段时间里都没有发展为稳定、成熟的集市，常处于"旬中一二日，或二八，或三七聚"的状态。

明嘉靖年间，台州太平县虽有固定的街道，却没有形成固定的市场。市场行为均为五日或六日一集的"期日市"。另外，如温岭街、南监街、夹屿街、泽库街、侍郎街、下村市等为五日市，塘下街等为六日市。入清后，集市的数量进一步增加，但期日市始终占了这些地区市集的大部分。甚至到了今天，台州市还有一些区县的乡镇，仍然保留着"期日市"的习俗。

丽水"行日"

丽水地区重峦叠嶂，地形复杂，道路崎岖不平，交通极为不便，而且与浙江其他地域相比，丽水境内无珍产，历史上商贾鲜有通达至此的。丽水地区的民众喜欢就近贸易，不喜欢赶远集，因此当地的市集点一般比较分散，相应地，也没有形成固定的商贸交易场所。丽水的市集早期采用"行日"的方式来举行。所谓"行日"，即约定具体的时间，商人和民众一起去参加市集，这个过程叫作"过行"。

县城原以农历逢三、七日为集，每月六天，后改为三、八日为市。碧湖镇原以丑、辰日为市，有大、小行之别，后曾改用农历三、八日为行期。

《丽水县志》记载，光绪年间增辟南明、九龙、苏步、石牛、宝定、均溪、官桥、下河、青林、堰头、太平、岩泉、葛渡等市集。清代中后期，丽水县市集达十五处之多，但到清末民初，却只剩下县城和碧湖镇两处。每逢"行日"，方圆数十里的民众都将农副产品运往集市进行交易，甚至有温州、缙云、松阳、青田等地的民众将鸡鸭猪狗等畜禽，米面黍粟等粮食、农副产品及铁木竹炭、烟丝脂粉等生产生活用品带到集市进行贸易。外地远路的商贾，一般在"行日"前一天到达，因此那天城内客栈往往客流暴增。本地农村居民，则用肩挑手提的方式带着货物，当日起早"赶行"。

丽水的"大行"可细分为各种"小行"，如丽水县城的集市，大水门为米行，大毛弄为猪行，府前为禽蛋行，虎啸门为柴炭行，三坊口为竹木行（制品）。这样的集市由于商品买卖存在一定的信息差，因此还诞生了一种特殊职业，即居于买卖人双方之间的中间商，他们撮合双方交易，并从中获取佣金。这些人被称为牙郎，大致可分为猪牙郎、牛牙郎、柴牙郎等。这些牙郎在行市上都独占一行，他人一般不能沾手。市日时，牙郎肩背大秤，手拿算盘，穿梭在人群之中。他们往往头脑活络，口齿伶俐，尤其精通行情，经过他们的撮合，买卖双方容易达成交易。

"文化大革命"前夕，丽水增辟大港头市，每旬以一、五日为市。改革开放以后，北乡双溪、何金富、库头、里东建立了农贸、兔毛、木材交易市场，集市进一步专门化。城关和碧湖镇两地，每年农历十二月二十日起至当月底，每日都成"市日"，称为"日日行"。

硤石灯会

中国民间素有"迎灯寄希望，张灯报平安"的习俗。每年元宵节，民众便会自发地组织各种绚丽多彩的灯会。浙江省海宁市的硤石灯会被誉为"江南第一灯会"。

硤石灯会历史悠久，端始于秦汉。据民俗传说，正月十五元宵节在西汉已经受到重视，开灯祈福是当时的一种古俗。唐时，随着佛教大兴，元宵燃灯习俗也在此时兴起。相传，佛教东传，仕官百姓普遍在正月十五这一天"燃灯供佛"，佛家灯火遍布人间，元宵张灯从此成为法定事项。硤石灯彩在唐代就闻名遐迩，从宫廷到民间无不以灯彩装饰为尚。宋高宗钦点硤石灯彩为皇宫贡品，留下了"东华门外凤楼前，博得虚名非一年"的美谈。至明清时，硤石灯会享誉全国。康熙皇帝两次到海宁，乾隆皇帝六下江南，往返海宁四次，他们都对硤石灯会流连忘返。当时硤石灯会已经形成了演灯、顺灯、斗灯的盛况。

近代诗人徐树镛的《硤川灯词》说："银树火花出诸坊，照耀晴旻电闪光。精巧绝伦看不足，四季亭复观平台。"作者借着巧词丽语将硤石灯会的景象描摹得令人难忘。

硤石灯会不光是文化民俗活动，更是商家与民众合力促成的大型互动、观赏体验活动。人们不仅在这个活动中感受灯火通明、丝竹管弦等传统文艺的魅力，而且大量的商户在这时候聚集在灯会周围。文化与商业相互碰撞，纪念与传承齐头并进。新中国成立以来，硤石灯彩更是大放异彩，渐渐走出浙江，成为全国流行的一种文化礼品。周恩来总理曾将硤石灯彩作为国礼赠予斯里兰卡贵宾。2006 年，硤石灯彩被列入第一批"国家级非物质文化遗产名录"。

夜市

　　夜市，顾名思义就是夜间的集市。浙江的夜市起源于灯会。唐代诗人白居易在《正月十五日夜月》中所说的"灯火家家市，笙歌处处楼。无妨思帝里，不合厌杭州"，正是杭州正月十五日元宵灯会上的夜市景象，说明最晚不超过唐代，杭州已经具有了繁华的夜市景象。

　　南宋时期，杭州人口众多，娱乐、买卖更是昼夜不绝。南宋诗人林升在《题临安邸》中云："山外青山楼外楼，西湖歌舞几时休。"诗句写出了杭州城中不分昼夜，醉生梦死的娱乐氛围。吴自牧的《梦粱录》卷十三《夜市》记载："杭城大街，买卖昼夜不绝。"临安（杭州）城区有早市和夜市。夜市主要由酒楼、茶社、歌馆、妓院、勾栏瓦肆以及小吃摊、小商品零售摊等构成，以第三产业为主，包含商品、娱乐、休闲、文化等多元消费。地点既有酒楼饭店和日用杂品店等固定的商业经营场所，也有集多元娱乐活动于一身的"瓦子""瓦舍""瓦肆"等半固定或流动的摊点。宋人耐得翁的《都城纪胜》记载："其夜市除大内前外，诸处亦然，惟中瓦前最胜。""大内"就是当时南宋的皇宫所在地，因此当时夜市十分繁华，而全杭州最繁华的地方要数"中瓦"。"中瓦"就是都市中商旅贸易和游乐的场所。

　　杭州的夜市，尤其是流动与半流动的商贩所售之物，往往随着四季转换各有差异。这一点，吴自牧在《梦粱录》里也提到了，他说："春冬扑卖玉栅小毬灯、奇巧玉栅屏风、捧灯毬、快行胡女儿沙戏……夏秋多扑青纱、黄草帐子、挑金纱……"春夏秋冬四季轮转，每个时间段杭州夜市都会根据季节的变化调整经营的内容。

北关夜市

北关，即杭州城的北城门，吴越国时称余杭门，后改为武林门（今地名仍在，城门无存），俗又称作"百官门"。或说"百官"是"北关"的讹称，又说古时杭州的新州官皆沿运河从北门入城，文武百官均去迎接，便在那里设置候官亭，百姓因此也戏称此处为"百官门"了。杭州城本是水城，城内河道纵横，水上交通便利。如今的"盐桥""菜市桥"等地名便是当时在水边进行食盐和蔬菜等交易的反映。北关本还有"天宗""余杭"两座水门，从大运河来的船只可以由此直接入城。

元时，北关夜市成为钱塘八景之一。明清时期，北关夜市依旧繁华。明代绘画《海内奇观·杭州北关夜市图》对北关夜市的描摹极为精细。明代诗人郎瑛在《七修类稿·北关夜市》一诗中也做了较为细致的描写："地远那闻禁鼓敲，依稀风景似元宵。绮罗香泛花间市，灯火光分柳外桥。行客醉窥沽酒幔，游童笑逐卖饧箫。太平风景今犹昔，喜听民间五袴谣。"虽然北关地处偏远，听不到宫中的禁鼓之声，但此地的风景却恍惚像元宵节般热闹繁华，不仅有酒家、行人，而且箫声阵阵，歌舞升平，儿童也在夜市上找寻嬉戏玩乐的场所。

清康熙、乾隆时期，北关夜市复兴。雍正《西湖志》卷三《名胜一》记载："盖水陆辐辏之所，商贾云集。每至夕阳在山，则樯帆卸泊，百货登市，故市不于日中而常至夜分，且在城闉之外，无金吾之禁，篝火烛照如同白日，凡自西湖归者，多集于此，熙熙攘攘，人影杂沓，不减元宵灯市。"这时候的夜市，在夕阳尚未下山之时，商家便沿着水路将货物运来码好。而且因为夜市设在城外，所以不必遵循城里的宵禁命令。到了夜里，商家在夜市燃起篝火，将整个市场照得如同白昼。从西湖回来的人，途经此处，流连忘返，所以整个夜市看起来热闹非凡，甚至可以比得上元宵灯市。

可惜的是，北关夜市如今已成为一个历史名词。杭州北关一带的古城墙、城门早已拆除，大运河沿线的交通也已经从水路改为陆路，汽车、火车取代了往来的船只，古代繁华的集市已经被高耸的居民楼取代，只有历史的余绪仍引人遐想。

绍兴夜市

后唐长兴元年（930），吴越王钱镠修建了绍兴开元寺。《嘉泰会稽志》记载："重闳广殿，修廊杰阁。大钟重数千斤，声闻浙江之湄。佛大士应真之像，皆雄峙工致，冠绝他刹。"名寺宝刹不仅吸引了大量信徒，也吸引了往来商旅。每年元宵节前后，开元寺会举办盛大的庙会。"傍十数郡及海外商估皆集。玉、帛、珠、犀、名香、珍药、组绣、髹藤之器，山积云委，眩耀人目。法书名画，钟鼎彝器，玩好奇物，亦间出焉。"上述开元寺庙会所售的商品，不仅有名香、玉帛等佛庙可用之物，更有彩绣、药物、漆器、犀角等民间用物乃至书法绘画、钟鼎彝器等各类古玩收藏品。庙会热闹非凡，不分昼夜，除了香火旺盛，更展现出商业盛况。

在绍兴，不仅开元寺这样的宝刹人流涌动，连会稽山旁的九里夜市亦是热闹非凡。

陆游在《夜闻埭东卖酒鼓声哗甚》一诗中，抱怨称："乌桕森疏照溪赤，寒鸦翩翩蔽天黑。鲜鲈出网重兼斤，新蟹登盘大盈尺。年年此际清霜夜，饭罢读书声满舍。岂惟父子讲家学，亦有朋侪结经社。谁令屠沽聚里中，鼓声终夜聒老翁？呜呼安得寐无聪，不但杜老左耳聋！"吵得陆游终夜无眠的鼓声、聒噪声，正是来自绍兴九里三山东市的夜市，从他的诉苦言辞里，我们可以看到九里夜市通宵营业的景象，夜市里不仅有喝酒打鼓终夜聒噪的酒店营生，也有肉屠行业来配合营业，所以不难得出当时夜市的经营范围较为广泛，经营时间更是通宵达旦的结论。

菜市

南宋时期，临安崇新门（今杭州清泰街、城头巷一带）已经有比较成熟的菜市。因为当时住在杭州城东郊的百姓多以种菜、卖菜为生，所以杭州的菜市也主要出现在城东一带。明万历

《杭州府志·市镇》记载，当时杭州城内有春熙桥菜市（今东家桥）、庆春桥菜市（今菜市桥）等多个菜市，民众每日到菜市买卖，穿行的人络绎不绝，甚为热闹。除了专业的蔬菜集市之外，南宋时杭州也出现了专门的粮食、水产品市场。

与杭州的情况相类似，绍兴城区广宁桥东面的龙王塘，以前地处城乡接合部，又兼有水路之便利，城郊的菜农很容易划着船就把自己种植的瓜果蔬菜运到这里来售卖。城内百姓来此也很方便，日子一长，往来买卖菜品果蔬的民众越来越多，这里也就成了远近闻名的"菜市场"了。

米市

粮食一直是城乡集市贸易的重要商品，也是民众关心的首要大事。随着商品生产的发展和社会分工的细化，很快就出现了专门的米业交易场所。唐代时，浙江境内就已经出现了米店、米行这样的粮食交易场所。到了南宋，杭州出现了传统的专业化米市，并且这种米市独立于集贸市场的粮食交易之外。

南宋时杭州人口众多，每日所需的粮食数量也十分惊人，所以杭州就出现了对米市的需求。关于这个过程，南宋人吴自牧在《梦粱录》卷十六《米铺》中的记载极为详尽，他说："杭州人烟稠密，城内外不下数十万户，百十万口。每日街市食米，除府第、官舍、宅舍、富室，及诸司有该俸人外，细民所食，每日城内外不下一二千余石，皆需之铺家。"正因为有每天一二千余石粮食的经销需求，临安城内外出现了大批从事粮食贸易的粮行、米铺，临安城北也因此形成了专业的粮食市场。然而仅靠本地的粮食生产，已经无法满足杭州城内数量日益庞大的民众需求，所以杭州的米市生意在当时就已经延伸到了全国各大产粮区，每到约定的时日，江苏、湖南、安徽、广东等地的米商纷纷将米送至杭州。吴自牧对此也有记载，他在《梦粱录》里说，"然本州所赖苏、湖、常、秀、淮、广等处客米到来，湖州市米市桥、黑桥，俱是米行，接客出籴"，"城内外诸铺户，每户专凭行头于米市做价，径发米到各铺出籴。铺家约定日子，支打米钱"。这说明当时的米市已经非常专业化，杭州城里不仅贩卖来自全国各地的粮米，而且从产地到杭州米市，再到用户家中，已经出现完整的商业服务流程，连中间商米市牙子、运货商兼脚夫也都形成了专门的队伍。杭州米市已经实现了精细化分工协作。

嘉兴米市

嘉兴市地处太湖流域东部，属于长江三角洲平原，气候温暖湿润，土地肥沃，河港交错。明弘治《嘉兴府志》称之为"江东一大都会"。因为得天独厚的地理位置，嘉兴历来是浙江最主要的稻米生产与集散中心。嘉兴米市，亦位列浙江六大米市之首，以产销为特色，而硖石、湖墅等其余五个米市则以集散为特色。嘉兴米市主要集中在嘉兴北门一带，当年嘉兴俗谚称："北门米脚子，南门大粽子，西门叫花子，东门摆架子。"也很形象地说明了这一特点。当然嘉兴米市的形成，也并非朝夕之功，相反，它与嘉兴地区的城市格局和地理风貌相互影响，并在日益发展的商贸活动中逐渐成形。

到了清朝末年，嘉兴全县米店多达四百余家，规模之大，可见一斑。清代诗人朱彝尊有诗为证，他在《鸳鸯湖棹歌》中云："父老禾兴旧馆前，香粳熟后话丰年，楼头沽酒楼外泊，半是江淮贩米船。"描述的便是嘉兴米市的盛况,每逢粳米成熟的季节,嘉兴的酒楼外面,就停满了附近省市的贩米船只,酒楼里面,则汇满了来此买卖米粮的商人。

五云门米市

旧时绍兴的"米市"多集中于偏门、西郭等水陆门头,但绍兴城东的五云门,却是更重要的米市之一。这里的米市除收购本地所产粮食之外,不少粮商还远赴江苏无锡、安徽芜湖、江西九江等地贩运粮食,相应的,这里的米市销售网络也极为庞大。曾经属于绍兴府的萧山、山阴、会稽、上虞的棉农和茶农由于自己不产粮,又常年有购粮的需求,所以他们常去购粮的地点就是五云门。久而久之,那儿也发展成为绍兴的"粮食市场"。今天"米行街"已被拆除,当年的风云市场已消失于历史中,但这个沿用至今的地名,还在诉说着此地曾经拥有过的米市风光。

猪 市

浙江地处中国东南沿海,亚热带季风和湿润的气候带来了丰富的水分和温暖的天气,此地水草丰茂、农业发达。考古发现,浙江在新石器时代就出现了畜牧业。萧山跨湖桥遗址(距今约8000—7000年)、余姚河姆渡遗址(距今约7000—5000年)、余杭良渚文化遗址(距今约5300—4300年)均出土有猪骸骨,尤其是良渚文化遗址,出土了大量的猪骨骼,这也说明猪已经成为良渚先民的主要肉食来源。浙江省的生猪养殖和猪市历史悠久。

秦代,农户养猪已较为普遍,畜牧业甚至被写入了秦律。浙江农户的养猪人数也增长迅速。到了魏晋南北朝时期，浙江的养猪事业已经发展出舍饲的模式。1976年，金华曾出土西晋时期的陶猪和陶猪圈，这表明西晋时期金华、衢州一带，先民已经在放牧之外，普遍采用舍饲的方式进行生猪养殖。

两宋时期，猪肉铺盛行。宋人吴自牧在《梦粱录》中云："杭城内外，肉铺不知其几，皆装饰肉案，动器新丽。"肉铺在宋代已经开始注意铺面的装修和美观，商业文明已经从单纯的满足交换需要上升到满足审美需求。据明万历《杭州府志·市镇》载，明代杭州境内有猪行。到了清代，全省各地先后出现小猪市场。此外，嘉兴中街南，平湖新埭，丽水城关、碧湖，庆元县松源镇都出现了重要的苗猪、仔猪市场，盛极一时。浙江的猪市已经从单纯的做猪肉生意，扩展到仔猪和整猪经营。

不仅生猪、猪肉可以交易，猪肉加工产品也流行于市场。以色、香、味、形"四绝"而驰名中外的金华火腿唐代就开始流行全国。唐代开元年间陈藏器编纂的《本草拾遗》中记载："火腿，产金华者佳。"两宋时期，金华火腿已经成为金华的知名特产。到了元朝，马可波罗游历中国时，为金华火腿深深折服，回去后将火腿的制作方法传至欧洲，成为欧洲火腿的起源。明朝时，金华火腿更成为浙江名特产，常作为贡品进献给朝廷。到了清代，金华火腿声名烜赫，远销海外，风行于东亚、南亚和欧美各国。

海鲜市铺

浙江是海洋大省，海域广阔，海洋捕捞历史悠久，海水产品种类繁多，因此每到鱼汛时期，渔人便会聚集成市。同时浙江又是江南水乡，境内河道纵横，内陆水系发达，淡水鱼资源同样非常丰富。南宋时期，商旅往往经由杭州城南便门外浑水闸进入城内，此处因此也成了以水产为主的有名集市。宋人吴自牧的《梦粱录》中有一段关于南宋杭州城内鲞鱼交易的记载："姑以鱼鲞言之，此物产于温、台、四明等郡，城南浑水闸，有团招客旅，鲞鱼聚集于此。城内外鲞铺，不下一二百余家，皆就此上行合摭。"城内光是鲞铺，居然达到一二百家之多，可见当时杭州城内鱼鲞交易的热门程度。不仅铺面多，鲞的种类也多。郎君鲞、石首鲞、望春、春皮、片鳓、鲫鲞、鳖鲞、鲻鲞、鳗条、带鲞、短鲞、黄鱼鲞、鲭鱼鲞、鱵鲞、老鸦鱼鲞、海里羊等，数不胜数。更有海味，如酒江瑶、酒香螺、酒蛎、酒蟟、龟脚、瓦螺头、酒垄子、酱蟏蛎、锁官蟹、小丁头鱼、紫鱼、鱼鳔、蚶子、魟子、海水团、望潮、卤虾、蟹鲚鲞、红鱼、明脯、比目、蛤蜊、酱蜜丁、车螯、江蟹、蚕蟹、鳔肠等各式种类。除了固定的铺面外，为了方便小街狭巷的主顾购买，很多小贩还会盘街叫卖，将鱼鲞直接送到主顾家门口。

宋元时期，昌国（今舟山）商贸日益发展，水产交易规模不断扩大。明嘉靖《太平县志·市坊》记载，温岭有莞山鱼市。明末清初，温州洞头逐步形成多种水产品交易市场，尤其以海蜇市场最为著名。只是当时并没有固定的交易地点，有时是在海面上，有时在靠海的渔村，具体往往随着鱼汛季节的变化而变化，淡季忙季交替相行，品种更换，周而复始。

淡水鱼市

浙江素来被称为"鱼米之乡"，尤其以杭、嘉、湖地区为主，因为这里是淡水鱼的主产区，多地都设有卖鱼桥、鱼行街等专门的鱼市。《南宋临安野史》记载，杭州候潮门外（今望江街江城路一带）有鱼市（鲜鱼），昼夜开市，鱼贩趁夜出城采购，趁早进城贩卖。明清时期，杭州城北归锦桥一带也是鱼市所在，俗称卖鱼桥，卖鱼桥附近的大兜、渔家台、河塍上等地也都有淡水鱼市。清代，嘉兴城区、桐乡县城都有鱼行街，经营鲜鱼等农副产品。

清光绪二十二年（1896）《湖墅小志》引《仁和县志》："衙湾在通市桥东，内有香罗巷，北通大兜、小兜，俗称牙湾，又因蟹行设此，有蟹舟巷名。"说的就是杭州通市桥附近的鱼市情况，这里平时是淡水鱼市，每到秋季湖蟹上市的时候，各家鱼行又会大肆贩卖湖蟹，甚至经常忙到日夜营业，那时鱼市的生意也格外兴隆。

绍兴昌安门鱼市

绍兴市城北的昌安门外旧时地近海涂，水域极为广阔，水产资源十分丰富。同时，昌安虽处于城郊，却离府城不远，城内外往来无论水路、陆路均十分通畅，所以这里很快就成了当地的水产自由集市。城外渔民来这里售卖鱼虾，城中的鱼贩到这里进货，城乡附近的居民到此购买水产，都十分方便。久而久之，这里的鱼市规模逐渐扩大，特别是昌安的三脚桥一带，成为水产的自由交易区，即鱼市。直到今天，昌安的"鱼市"（即现在的"水产市场"）依然是绍兴最重要的水产市场之一。

茶叶贸易

浙江茶业历史悠久。两晋时期，为示与各国结好，浙产贡品茶叶便经由海运输往南洋，同时也作为邦交之礼出口日本和朝鲜。到了唐代，浙江茶叶产业发展迅速，湖州、越州（今绍兴）、婺州（今金华）等地先后形成茶市。同时茶的饮用也逐渐普及到民间。杜牧任湖州刺史时，作有《入茶山下题水口草市绝句》："倚溪侵岭多高树，夸酒书旗有小楼。惊起鸳鸯岂无恨，一双飞去却回头。"这首诗描述的就是唐代长兴茶山草市的情形，茶山下的山民甚至在当地设起了酒楼。唐时，越州（今绍兴）平水一带盛产佳茗。剡溪茶名驰全国，多在平水镇上交易，因此平水很早就是越州茶叶集散地。元稹在越州任刺史时，曾经考察镜湖旁边的平水草市，甚至以诗换茶，一时传为佳话。吴越国建都临安，杭州已然成为东南物产聚散的"巨富名邑"，江南的茶叶贸易和饮茶风尚便也在那时走入了寻常百姓家。

同时，茶叶一直是浙江出口的主要物品。五代时，浙江运往高丽、新罗、百济的主要商品包括茶叶、药材；北宋时主要是瓷器、茶叶。清朝，宁波港向日本输出的商品，除了丝绸、锦缎、瓷器、药材外，依旧是茶叶，向南洋输出的主要商品也包括茶叶。后来宁波与英国等西方国家有贸易往来后，输出的商品以丝织品、瓷器、茶叶等为主。温州港则主要将蚕丝、茶叶、瓷器、药材等商品销往日本及南洋各地。民国初期，即使受第一次世界大战和自然灾害的影响，宁波、温州、杭州三口岸出口商品仍以丝绸、茶叶和棉纱等传统商品为主。在各年份输出的贸易物品中，丝及丝织品、茶所占比例始终最大。由此可见茶一直是中国对外贸易的主要输出商品。

榷茶制

宋代对茶叶基本上实行榷茶制。所谓"榷茶"，即官府对茶叶实行征税、管制、专卖的措施，而具体进行茶叶交易的场所，就被称为"茶场"。宋崇宁元年（1102），新昌、遂昌、青田等地都设置地方榷茶制度，磐安由玉山茶场、东阳由茶场市（今巍山镇茶场村）统一管理茶叶。通常情况下，一般由茶商向"茶场"纳税，再领取茶行（运销凭证），然后才可以带着茶叶离开。

现在已经发现的最早的茶叶交易市场，当数浙江省磐安县玉山镇马塘村的"玉山古茶场"。玉山海拔在600—800米之间，气温适宜，土壤肥沃，常年云雾缭绕。相传晋代有位名为许逊的道士，云游至此，见这里茶树长势喜人，茶叶颇具品质，便向当地茶农传授了制茶技术，从此代代相传。此地所产的茶叶品质优良，尤其是特产"婺州东白"，更是色泽翠绿，香味醇厚，在唐代就已被列为贡茶。陆羽的《茶经》对此也有比较具体的记载。到了宋代，当地茶农为了纪念许逊教授制茶的功绩，将他尊为茶神，并在玉山山麓上为他建造了茶神庙，供茶农朝拜，旁边又建了茶场进行茶叶交易。清代赵基曾在《濮山先生传》中说明："茶场山者，故宋榷茶地也，设官监之，以进御命，曰'茶纲'。"宋代开始，官方便设置了专门的管理机构来监管茶场事务，后来历代沿袭。

浙江乡村茶叶市场

如上文所述，唐代开始，浙江的茶叶生产异军突起，到了宋代就逐渐进入专业化阶段。民众对茶的需求也日益增长，甚至到了不可一日无茶的地步。王安石在《议茶法》中就说到了这种现象："夫茶之为民用，等于米盐，不可一日以无。"在他看来，当时民众对茶的需求，已经和盐同步，茶已经成为民生必需品。更有甚者，有些穷乡僻壤的民众将茶提高到了比盐更重要的地位。杨时在《龟山先生集》卷四《论时事》中说："二浙穷荒之民，有经岁不食盐者，茶则不可一日无也，一日无之，则病矣。"浙江人对茶的依赖，居然到了一天不喝就生病的地步。

那么茶叶是如何从茶村到普通人手中的呢？这个交易最关键的环节就是乡村茶叶市场。

宋代，浙江东南地区的草市、墟市发展迅速，茶叶也是其中重要的交易物品之一。南宋文人周密在《山市晴岚》一诗中云："黄陵庙前湘竹春，鼓声坎坎迎送神。包茶裹盐作小市，鸡鸣犬吠东西邻。"这里的"小市"就是乡间的草市。从他的诗中，我们可以看到，茶叶在宋时也成为草市交易的货品之一。

除了这种初级的乡村集市之外，每到茶叶收获的季节，还会有专业的茶叶交易市场。陆游的《湖上作》《兰亭道上》等多首诗都写到了兰亭茶市，称"兰亭之北是茶市，柯桥以西多橹声""兰亭步口水如天，茶市纷纷趁雨前"，描述的就是绍兴市兰亭北面与柯桥西部的茶叶市场，每到雨前时节，茶商们蜂拥前来采购新茶，出现船橹交织的场景。显然茶商们通过这样的茶叶小集市，将茶叶带往更遥远的市场。

另外，还有商人直接跑到茶山与茶农当面交易，或预付定金以便后续交易，省去了中间环节，获利更大。这种现象并非宋代才开始出现，实际上，早在唐代就非常盛行。杜牧在《上李太尉论江贼书》一文中，就讲到贼徒劫杀商旅，得到各类异色财物后，南渡长江，到江南地区换得茶叶。贼人之所以敢这么做，是因为各地的商人在产茶的季节，都拿着"锦绣缯缬、金钗银钏，入山交易"，当地的妇人、孩子因此穿着华丽，官吏也见怪不怪，贼人看到这种情形，就带着抢劫而来的财物，也到茶山上换茶。一来二去，既洗白了劫掠的财物，又不会引起注意。杜牧注意到这种现象后，痛心疾首，所以上书言事。此处不对杜牧上书的过程与结果进行评价，但至少可以看到，唐代开始，就出现了大量直接到茶山进行交易的商旅。这些商旅肩挑手扛或者用车运输，将这些藏在深山的茶叶运输出来。宋代沿袭唐代的这个传统，商旅还是经常会在产茶季直接来茶山收茶。若是碰上风雨不调，茶叶晚熟，商家还会在当地等待，直至茶农完成采摘炒制。《宋会要辑稿·兵五·屯戍》篇就记载了这样的故事，绍兴七年（1137），恰逢南方大旱，茶树发芽晚，如期而来的商人收不到茶叶，便"皆积压在园户等处人家住泊"。

浙江茶叶中转买卖

除了乡村初级茶叶市场的交易以外，浙江在唐代中后期就形成了茶叶中转市场。所谓中转，就是连接消费端和供给端的中间环节。一般是商人从茶农手中收得茶叶后，再转运至道路通畅、交通便利的商业中心。宋代实行榷茶制，商人为了贩茶，得先到京师榷货务交纳财物，换得被称为"交引"的官方买卖许可证，才能到各个山场去换取茶叶。他们取得茶叶后，有的也是送到中转市场，再行贩卖。

宋代几乎人人喝茶，袁燮《絜斋集》卷十三《黄公行状》记载："盖人家每日不可缺者，柴米油盐酱醋茶。"当时茶已经从清热解毒的药物变成人人必需的生活日用品，提到了和柴米油盐一样的地位。南宋时浙江的会稽县（今绍兴）、余姚县（今属宁波）、萧山县（今属杭州）都是重要的茶叶中转地。《嘉泰会稽志》卷五记载，每年平均批发的茶叶数量，会稽县超过二万三千斤，余姚县也超过一万四千斤。

宋朝实行榷茶制，大部分茶叶由官方收取，剩下的茶叶允许茶农买卖。商人们得了官方买卖许可证之后，就将茶叶从南方运到北方去。《宋会要辑稿·食货三十》记载，太宗太平兴国二年，江南转运使樊若水上书言事："江南诸州茶官市十分之八，其二分量税取其什一，给公凭令自卖。逾江涉淮，乘时取利，紊乱国法，因缘为奸，望严禁之。"樊若水所言是针对当时商人取得公凭后，将茶叶从浙江、福建输送到长江、淮河地区以北的现象。他上书表述对上述现象的反对意见。但我们透过他的不满，却可以看到，浙江的茶叶经过中转之后，已经输送到长江北岸的广大区域。

消费的兴盛带来丰厚的经济利益，经济利益又促使茶农愿意将更好的茶叶转卖给商人，或自行售卖，而不是纳贡上朝，所以就出现了茶农藏匿茶叶的情况。虽然屡有官员上书禁止，朝廷也曾派专员到南方查禁私茶，但茶农却也有办法应对。如《宋会要辑稿·食货三十》记载："税茶并拆色茶外，买诸色茶等人户各有旧额，使臣职员务买数多，用为劳绩，拣选不精，人户启幸，多采粗黄晚叶仍杂木叶蒸造，用填额数，并于额外别利价钱，名为不及号茶。"茶农用粗制滥造的老茶、陈茶应付官府应征，却把最新、最嫩的茶叶拿去交易或中转买卖。

绍兴锡箔茶市

　　锡箔俗称金银纸，原来系在节日祭祀祖先时所用。绍兴的锡箔曾经在茶叶店中进行交易，人们边喝茶，边谈生意，因此称为"锡箔茶市"。锡箔的生产始于何时，文献并没有确切的记载，据说是在明朝初期开始的。《绍兴县志资料》二辑《箔业调查》（未刊行）记载："锡箔之创始，杭箔最先，绍箔之销行始于逊清乾隆。"胡廷玉《绍兴之锡箔》云："夷考锡箔之起源，始于杭，继于甬，即俗称为杭箔、宁箔者。嗣绍人仿造之，以其能精益求精故，是以绍箔骎骎焉驾于杭箔、宁箔之上，而执箔类之牛耳矣。"

乾隆年间，绍兴的箔业是一个自制箔、生产锡箔纸、自供自销的手工业系统。咸丰年间，绍兴开始有了锡箔店。光绪年间，绍兴的锡箔年产量只有 50 万片左右。此后，绍兴的锡箔生产量一直上下波动，直到 1935 年。这一年，绍兴的锡箔生产达到高峰，产量有 400 万片左右，因此绍兴有"锡半城"的说法，一说当时绍兴城近一半的人口从事锡箔生意，"萧绍居民，男女赖以生活者，在三十万人以上"。

随着锡箔产量的增加，越来越多的外国买家来到绍兴，他们由于不懂行，经常因倒账而蒙受损失。于是锡箔经纪人，即所谓的"箔庄"应运而生，锡箔茶市场也随之出现。当时锡箔的交易方式很独特，每天早上，绍兴的每个锡箔铺、锡箔庄的老板都会到茶店喝茶，然后到茶室谈论交易，谈妥后定下价格。此后无论市场价上升或下降，双方都无怨无悔，箔主仍然按照约定的购买价格交出货物（俗称"解块头"），用他们的行话，这就是"千金一诺"。

锡箔茶市也有区域的划分，如绍兴南区的"上城帮"，茶市在塔子桥、酒务桥和静宁巷一带的茶馆，后改在观巷"茅家茶室"；绍兴北区的下城"大营帮"，茶市一直在西府庙前的胡家池头、谢家湾头和昌安桥一带；绍兴西区的"西郭帮"，茶市设在北海桥一带；绍兴东区的"东街帮"，茶市通常在东街的茶馆里。花巷的"适庐茶室"，是当时锡箔行业的大人物经常光顾的地方。

旧时，绍兴的锡箔主要用来祭祀，鲁迅的小说《药》里的华大妈给他的儿子小栓上坟时，化的就是锡箔做的元宝。锡箔的制作工艺比较复杂，先把锡块放在坩锅里烊化成"锡水"，再注入夹层的模型中，铸成长三寸、阔一寸的"叠箔"，这工序叫"浇箔"。然后分别由上间司和下间司进行锻打，一直到不能再打为止。一块锡铸件，一般能打三千二百张锡箔纸，叫"一脚"。扑"擂粉"后再由箔工头（俗称枪头）裁成不同样式的"页子"。接下来的工序是"褙纸"，就是将锡箔贴到大小相当的"鹿鸣纸"上。再经过砑纸这道工序将锡箔和纸更牢固地粘在一起。砑好的锡箔纸便可以用来糊制元宝似的纸锭了，这样，制作锡箔的所有工序基本完成，全程都是手工。

1949 年后，政府通过征收重税逐渐禁止了这一活动，绍兴"锡半城"也渐渐成了一个历史名词。20 世纪 80 年代中期，为适应外贸需要，复建绍兴箔庄。绍兴的锡箔工业开始复苏，并向宁波、义乌等地输出技术，产品除少量内销外，多由香港转销日本、新加坡和美国等国，然而产量不大。如今绍兴的锡箔中心地位已被迅速崛起的义乌取而代之。

浙江烟草

烟草原产于南美洲安第斯山脉的热带、亚热带地区，由意大利航海家哥伦布带回欧洲，从此在欧洲广泛种植，并逐渐在全球流行开来。16 世纪时烟草传入中国，很快为广大国民所接受。开始时，中国的文献并不称其为烟草，而是把它叫作"相思草""淡巴菰""金丝薰"等。

浙江是烟草大省，种植烟草的历史已有四百余年，也可以称得上中国烟草的发源地之一。这里气候宜人，气候条件和土壤环境非常适合烟草的生长。早在明朝时期，嘉兴、湖州、丽水等地就开始种植烟草，后来逐渐扩展至杭州、金华、宁波等地。到了民国时期，全省大部分区县均有种植。

烟草是烟草科植物的干燥叶子，内含尼古丁等成分，具有刺激神经、提神醒脑、镇痛解痉等功效。但长期吸食烟草容易成瘾，影响身体健康。明清时期，政府都对烟草实行寓禁于征的政策，通过课以重税来控制烟草的种植与生产加工。

世界上的烟草有六十余个种类，被栽培利用的只有普通烟草、黄花烟草两个品种。浙江种植的就是普通烟草。按照烟草的种属和调制方法，普通烟草又可分为晒烟、晾晒烟、晾烟、烤烟四种类型，浙江以晒烟为主。这种烟草烟叶饱满、香气浓郁、烟碱含量较高，因此深受烟民喜爱。

明朝末年，浙江的烟叶已在当地市集、村墟销售。到了清代，初级的烟叶多被当地烟店收购，然后烟店将烟叶加工成烟丝后再出售。康乾年间，每到夏秋烟叶采收后，桐乡等地烟商云集，余杭塘栖镇成为重要的烟叶集散地，塘栖烟也成为全国名烟。咸丰年间，浙江的烟叶除销于省内各烟丝作坊外，还销往江淮一带和上海等地。同治十一年（1872）后，浙江的烟叶开始经宁波海关直销香港。光绪时，浙江烟开始销往更多地方，福建、广东和台湾都开始出现浙江烟。

清末民初，浙江省的烟叶除了供应旱烟店制作土烟丝外，还供应宁波、杭州、上海等地卷烟厂和各地手工卷烟作坊做原料。

随着种植、生产规模的扩大，浙江省的烟草除在国内销售外，还逐渐行销至海外。清代咸丰年间，松阳烟叶已销往南洋。光绪年间烟叶经上海到达日本。宣统元年，日本的三井洋行派人直接到松阳采购。到了民国时期，英、法、美、俄等国的烟商相继到桐乡采买烟叶。此后，中国的烟叶销往土耳其、埃及、俄罗斯和欧洲诸国，其中仍以浙江省桐乡烟叶占大宗。此外，平阳、新昌、嵊县等地的晒黄烟也质量出众，曾出口日本、德国、捷克等国。新中国成立后，浙江省的烟草销售版图扩张至亚、欧、中东、西非等相关国家和中国港澳等地区。

烟具

烟具是指吸食烟草的用具和其他与烟草相关的附属品。浙江的烟具历史悠久，品种繁多，包括烟袋、烟嘴、烟斗、旱烟管、水烟管、鼻烟壶等，从明朝浙江种植烟草之后逐渐流行，清代至民国时期特别盛行。烟具在当时不仅是吸烟专用的工具，很大意义上也是吸烟者身份、地位的一种标志。卷烟兴起以后，使用烟具的人数大大减少，烟具的款式变得更为简洁、美观。

浙江生产烟叶的地方，往往烟具流行。宣统年间，会稽县（今绍兴市）有烟管店铺十二家。民国时，龙泉县有专营、制作烟管的店铺数十家，新昌城区有专营烟管的店铺两家，杭州城内也有数家烟管店，其中仅徐福顺一家，年产烟管铜嘴就多达二百五十余万套。烟具的流行，还催生了相关行业，包括烟具清洗、烟具保养、烟具收藏等。绍兴、嘉兴等地，甚至出现了专门清洗烟管的店家。

截至 20 世纪 60 年代，景宁、龙泉、海宁、平阳、嵊县、新昌等地乡间尚有烟管加工铺。至今绍兴文物管理局还保存有清光绪年间的一支象牙烟管。

除了烟管之外，鼻烟壶曾非常流行。鼻烟壶初为古代药瓶的样式，而且小巧精致，使用者多为上层人物。赵之谦的《勇卢闲诘》记载："盛烟之蜡，旧制极小，仅贮两许，磨琢精巧，莹过水晶。"清初绍兴一带使用鼻烟壶较为普遍。绍兴文物商店出现过同治年间瓷器制成的鼻烟壶。20 世纪 50 年代后，浙江的鼻烟壶逐渐稀少，现在仅在一些文物商店、工艺美术商店及花鸟市场仍然有售。

中药市场

早在百万年前，浙江就有人类活动痕迹。在长期与自然共处，与疾病抗争的过程中，先民逐渐积累起中医药的经验。距今 8000—7000 年的萧山跨湖桥文化遗址出土物中包括盛有煎煮过的草药的小陶釜、药材、簸箕类篾编物，距今约 7000—5000 年的余姚河姆渡文化遗址留存有稻谷、酸枣、骨针、骨锥等物品。

魏晋南北朝时期，葛洪曾在杭州葛岭炼丹，温州陶公曾在永嘉进行制药炼化，由此可以管窥当时浙江医药的发达程度。唐代，浙江境内设有医馆。宋代，浙江建有完善的官药局。世界上第一部由官方主持编撰的成药标准《太平惠民和剂局方》也在这里诞生。与之相应的，浙江的医药事业随着书籍的编纂，获得了积极发展。到了清代，浙江的民间医药业迅速崛起，出现了方回春堂、张同泰等一批老字号医馆，到了晚清，和胡庆余堂、万承志堂、叶种德堂、泰山堂合称为杭城六大药铺。

医馆、药铺的背后，离不开丰富的中药材资源。浙江中药材采集、栽培与交易历史悠久。早年就有"浙八味"之说，包括白术、白芍、浙贝母、杭白菊、延胡索、玄参、览麦冬、温郁金等，这些药材因炮制精良、疗效显著而闻名遐迩。浙江早期的中药材交易往往就在集市之中。随着药材经济的发展，杭州、绍兴等地先后出现了专门的药市。周密的《武林旧事》记载，南宋时期，杭州炭桥已有药市，右二厢的羲和坊则是临安最大的药市。

《西湖老人繁胜录》记载，南宋庆元年间，杭州有川广生药市，绍兴斗门也一度成为浙江中药材集散地。从元代开始，宁波逐步成为中药材集散中心。明末清初，宁波药行已经发展到五十多家。

棉花市场

棉花主要品种可分为四大类：草棉、亚洲棉、陆地棉和海岛棉。作为中国大陆上重要的经济作物之一，棉花的原产地却不在中国本土。中国古代最先种植的是草棉和亚洲棉。早在东汉时期，阿拉伯半岛的草棉通过丝绸之路传入我国新疆地区。《梁书》记载，高昌国盛产多种草木，其中有一种"实如茧，茧中丝如细纩，名为白叠子，国人多取织以为布，布甚软白，交市用焉"。其中所说的"白叠子"就是草棉。亚洲棉则主要种植在中国南方地区，由印度传入，也称"木绵"或"木棉"。北宋人方勺在他的笔记《泊宅编》中说："闽广多种木绵，树高七八尺，叶如柞，结实如大菱而色青，秋深即开，露白绵茸然。"说明当时木棉已在我国福建、两广地区广泛种植。

浙江的棉花种植时代稍晚，宋元以来，随着木棉种植的扩展，棉花产业在浙江迅速发展。明代，浙江不仅棉花种植流行，棉花产量非常高，棉纺织业也十分发达。明天启《海盐县图经》卷四《方域》记载，境内"商贾从旁郡贩棉花列肆，吾土小民以纺织所成，或纱或布，侵晨入市，易棉花以归，仍治而纺织之，明且复持以易"。甚至原来产棉大省福建的棉花也基本来源于浙江和江苏。《新编安海志》卷十一记载："从河南、太仓、温、台等州有棉之处，岁买数千包，方足一年之出入。至冬月人闲，则入安溪、永春、德化贩卖。"提示了闽商从河南、江苏、浙江买入棉花,数量高达几千包。

民国初期,萧山瓜沥、头蓬一带盛产棉花,每当棉花丰收之时,各地厂商代表纷至沓来,直接收购。因此瓜沥、头蓬有不少专事棉花收购的商行,当时瓜沥棉花行多达十七家,头蓬也有十余家。

会市

商贸集

会市

　　会市又称庙会、集市、集场，是指由集会而引发的集市，唐代已经出现。会市与民众的生活息息相关，早期的会市大多和古代祭祀、宗教等活动相关，因此常在寺庙、节日举行，当然也有一些是在其他约定的时间。地点一般也就在寺庙里面或旁边，所以称为"庙会"。中国古代的寺、庙、宫观是各不相同的。寺为佛寺，一般指佛教供养三宝的地方；庙是中国传统的供奉祖先牌位的地方，故常见祖庙、神庙；宫观则是各类道教建筑的总称，它是道士修行、供奉祭祀神灵、做法事的活动场所，多位于名山大川或大城市中。普通大众对这些建筑并不做严格区分，相反，常把它们统称为"庙"。因此本文所涉及的"庙会"也不单指发生于寺庙或寺庙周边的事件。

　　《北平风俗类征·市肆》引《妙香室丛话》云："京师隆福寺，每月九日，百货云集，谓之庙会。"后来城市逐渐发展，京师之外的其他地方也渐渐出现了庙会，并且随着社会物质生活的发展，居民消费品种的增加，会市发展为庙会、物资交流会、商品展销会等多种类型。会市一般是宗教性或世俗性的群众集会，在每年的某一特定时期举行，交易规模颇大，商品繁多，往往具有可观的交易额，并伴有文娱活动，或迎神祈福的主旨活动。每个地方的会市都有着当地的文化商业属性，因此往往富有地方特色。

　　浙江庙会历史悠久，富有乡土气息，当地人民群众参与广泛。春秋战国时期，绍兴已有关于"村民社赛"的记载，之后相沿成习。时至今日，绍兴人仍然有为菩萨或先人举行生日或忌日活动的传统，"庙会"是每年的重要事件。一般而言，中国传统的庙会可分为两大类：迎神赛会型和朝山进香型。有些地方则出现这两种类型的结合体。

　　庙会采用演戏、杂技等活动方式祭神，四面八方的民众自发前来参加、观摩，热闹的人气也会吸引各种商贾前来设摊，推销商品，本地与外地的商旅聚在一起，日用百货、粮食蔬果、器皿珍玩荟萃云集，规模盛大，远超平常的集市，这就形成了"会市"。时间久了，举行会市的场所，因为一直具有较高的人气，有的慢慢就形成了固定的"市场"，这也是庙会又被称为"集会""集市"的原因所在。

　　浙江的会市遍及全省各地，既有崇拜民族始祖的神祇庙会，如缙云的黄帝祭、绍兴的大禹祭等，又有全国性人类保护神的祭祀庙会，如城隍庙会、土地庙会、观音庙会、天地水三官庙会、龙王庙会等，也有钱王、胡公、温元帅等地方性神祇庙会，还有因拜佛上香引发的香市、推行文化的孔庙书市等。

　　21世纪以来，随着文化强国战略的实施，传统文化遗产越来越受到重视，不少浙江庙会申遗成功，逐步成为非物质文化遗产的重要类型。庙会的文化价值被重新发掘和认识，市场贸易色彩有所弱化。

西湖庙会

西湖庙会，又称香会，是一种古老的民俗及民间宗教文化活动。庙会日期一般为神佛诞生日或忌日。火神会、雷神会等是江南一带普遍举办的庙会，而灵隐庙会、天竺庙会、外八寺庙会等，则均为杭城所独有、具有杭州习俗特色的庙会。

西湖庙会大致有两种形式，即举办水陆道场和迎神赛会，举办水陆道场也就是上文所说的朝山进香型。水陆道场是为超度阴魂而设的，届时，大殿前经幡高挂，香烟缭绕，合寺僧侣在长老的带领下，从早到晚，一日三场诵经拜佛。众善男信女，有的为超度父母亡魂，有的为亲人祛病许愿，均身穿黑色居士服，跪在一旁念佛参拜。而迎神赛会则是为了祈求消灾赐福，具体形式大致和鲁迅先生在《朝花夕拾》中提到的类似，大致是将神像抬出庙门，在街上游行，形成一支浩浩荡荡的迎神队伍，并沿途举行祭会，以供善男信女念佛礼拜，巡会结束后，再将神像抬回庙里。

西湖庙会初起时，只售卖香烛、纸锭等礼佛参拜相关物品及用来临时果腹的小吃食品，后来随着香火的兴盛，香客的增多，逐渐变成百货销售点，吃穿用玩，无所不包。每逢开庙，香客比肩，游人如织，商贩云集，摆摊设市，流动叫卖。明清时期杭城买卖流行的"三冬靠一春"之谚，即由此而来。

吴山庙会

在西湖各庙会中，吴山庙会是最著名、规模最大、举办时间最长的庙会。自为纪念春秋战国时吴国大夫伍子胥，建造第一座伍公庙以来，两千多年间，寺庙庵观日益增多，几乎遍及吴山境内的紫阳、云居、七宝、峨嵋等十多个大小山头和山麓，故有"吴山七十二庙"之说。

吴山庙会，四季不断，各有特色。大年初一到正月十八，上山的多半是杭州本地人，专为辞旧迎新，"上山兜喜神方"，求得一年好运；到了二三月间，杭嘉湖一带的香客会去吴山进香；端午、立夏等时，各行各业均要上吴山赶庙会，以求生意兴隆，财源广进。此外，各寺庙供奉的菩萨生日时，也都会举办庙会进行庆祝。

旧时，吴山庙会除烧香拜佛外，山上山下遍布算命、看相、测字的摊位，此外还有庙台戏、唱小曲、变戏法、杂耍、斗鸟等表演，店家、小贩在寺庙四周及山路上设摊卖货，因此人们赶庙会往往是"闻风而去，满载而归"。而随着社会经济的发展和人们交往的需求，吴山庙会在内容上发生了重要的变化，烧香拜佛、看相测字的封建色彩逐渐淡化，几乎绝迹，取而代之的是各种戏曲表演、绝技绝活、杂技杂耍等贴近市民生活的娱乐活动，庙会上小摊小贩的经营活动也变成了整齐有序的小吃、日用品、工艺品、土特产、服装、书等规模性展销活动。

如今的吴山庙会，不仅延续了杭州的历史民风，成为展现杭州风土人情的一项重大节庆活动，同时也改变了人们的休闲方式，开创了旅游商贸、市民休闲娱乐的新局面，也为杭州这座历史文化名城、国际旅游城市增添了一抹别样的色彩。

温州永嘉上塘殿庙会

温州永嘉上塘镇，位于距温州市区约十四公里的瓯江北面。楠溪江从永嘉横穿，由县城东面往西流。

上塘殿庙会，据传是当地民众为了纪念唐代孝女卢氏而举办的祭祀活动。《温州府志》卷十三《列女志》记载，明代嘉靖丁酉年（1537），"唐卢氏女，永嘉人，居卢奥……虎将噬其母，乃以身代母死。后有人见其跨虎而行，里人为建祠上塘。宋理宗朝封曰孝祐（佑）"。当地百姓为了纪念这位女孩代母饲虎的孝行，专门为她修建了"上塘殿"，并规定每年的农历二月十四为卢氏娘娘的寿诞日。附近各县的人们都在这一天来烧香祭拜，因此寿诞日逐渐成为一个盛大的庙会。年复一年，庙会规模越来越大，逐渐地，殿外的商贸集市也成了当地最大的庙会型商业集市。

如今，上塘殿庙会被列入永嘉县第二批非物质文化遗产名录。而且因为规模太大，庙会集市也逐渐从孝佑宫转移到了县城的主要商业街区，举办时间基本保持在五至十天，游客、商贾也从温州、台州、丽水等附近地区扩张到了全国各地，据说摊位最多时可达三千多个，客流量高达七十万余人次。

绍兴大禹祭

大禹祭，源于夏初，迄今已有四千余年的历史。相传虞舜遣禹治水，大禹一路开山凿洞，疏通洪水，最后到了绍兴，将水引入东海，大禹死后也葬在了绍兴，所以绍兴是大禹治水毕功之地和埋葬地。城中大禹遗迹俯拾皆是，如绍兴会稽山、嵊州禹粮山、绍兴大禹陵等。绍兴祭禹的日子，古代通常是大禹的诞辰，即农历三月初五。这一天也是民间游览禹庙的盛日，游人众多，商旅云集。

民国时期，绍兴地方政府曾定 9 月 19 日为会稽山大禹陵庙年祭之期。新中国成立后，该活动一度中断。1995 年 4 月，浙江省绍兴市在禹庙举行新中国成立之后的首次大型祭禹活动，此后这项活动被保留下来，形成"每年一小祭、五年一公祭、十年一大祭"的习俗。2006 年，大禹祭典被列入国家级非物质文化遗产代表性项目名录。2007 年，公祭大禹陵典礼由原文化部、浙江省政府共同主办，绍兴市人民政府承办，"祭禹"活动升格为国家级祭祀活动。2023 年公祭大禹陵典礼在绍兴大禹陵祭祀广场举行。典礼分为肃立雅静、鸣号、敬献花篮、敬香、击鼓撞钟、奏乐、献酒、敬酒、恭读祭文、行礼、颂唱《大禹纪念歌》、献祭舞、礼成等十三项议程。全程庄严肃穆，文化氛围浓厚。与古代的大禹祭典相较，当代的大禹祭更注重文化内涵的传承，因此不再有浓郁的商业气息。

德清防风祭

防风氏是远古防风国的创始人，相传为天下汪姓的始祖。《广韵·唐韵》云："汪，姓。汪芒氏之胤。"按《说文解字》："胤，子孙相承续也。"《通志·氏族略四》亦曰："汪氏，汪芒氏之裔。"古防风国在今浙江省湖州市德清县的三合乡封山和禹山之间，即下渚湖一带。防风氏是当时的部落领袖，和大禹同时代。《路史·国名纪》注引《吴兴记》："吴兴西有风山，古防风国也。下有风渚，今在武康（即浙江德清县）东十八里。天宝改曰防风山，禹山在其东二百步。"

相传防风氏是一位与大禹齐名的治水英雄，《国语·鲁语下》记载，"昔禹致群神于会稽之山，防风氏后至，禹杀而戮之，其骨节专车"。为了纪念防风氏，西晋元康初年（291），乡人在德清玉屏山南麓乌墙头建造了防风祠，成为当地百姓祭祀防风王的重要场所，时间为农历八月廿五前后各一天。五代吴越王钱镠重建防风祠，称为灵德王庙。清乾隆年间（1736—1795），德清防风祠扩建重修，戏台在庙会期间演社戏。附近的商贩在此期间前来摆摊设点，民众也将庙会的时间当作当地的节日，消费娱乐氛围浓厚。

1996年，当地在原址修复防风祠。每年农历八月二十五举行秋祭，并在前后各一日举办防风庙会，吸引四乡八邻民众纷纷来赶庙会，又唱大戏三日，人山人海，商旅云集，热闹非凡。2007年，德清"防风氏祭典"被列入第二批浙江省非物质文化遗产名录。

杭州钱王祭

"元宵钱王祭"是浙江杭州特有的风俗习惯。吴越国王钱镠执政期间，兴修水利，发展海上交通，对吴越国经济的发展做出了积极的贡献。史载，五代吴越时期，钱镠创建竹笼石塘，使杭州的城基得以稳固，留下了钱王射潮的传说；疏通杭州城内外运河，沟通南北交通；疏浚杭州西湖、越州鉴湖，并引西湖水入城内运河；凿平钱塘江中的滩石，确保航运安全。他推行保境安民的基本国策，使杭州成为当时中国东南的大都会。

杭州涌金门外的钱王祠，是钱王后嗣所建，宋时改名为表忠观。钱镠死后谥号武肃王。因他兴修水利，主持兴修"捍海石塘"，民间又称他为"海龙王"。清代，朝廷奉钱镠为浙江省江海的保障之神，在海宁海神庙正殿配祀。正月十八举行的"元宵祭"（元宵钱王祭），是民间传统的祭祀活动，那一天百姓云集庙内，商旅人头攒动。

然而杭州的元宵钱王祭随着时间的推移，一度衰落，甚至停止。直到 2008 年，钱氏后裔和地方热心人士发现了钱王三十二世孙钱惠在清同治七年（1868）的手写稿《元宵祭规条例》，该条例详细说明了钱王祭的礼仪步骤，内容尽显吴越时期皇家气派。该条例被发现后，受到社会各界的高度重视。钱氏后裔们终于在这一年恢复中断了一百四十年的，杭州钱王祠"元宵祭钱王"活动，并为此重新举行了盛大的祭典。祭祀仪式主要包括供奉祭品、击鼓鸣钟、献供敬香、宣读祭文、恭读《钱氏家训》、鞠躬行礼等流程。2009 年，杭州的"钱王祭"被正式列入第三批浙江省非物质文化遗产名录。

绍兴舜王庙会

绍兴的王坛镇，原名"黄坛"，传说舜王巡狩会稽山时，在此筑坛祭天。舜王庙又名大舜庙。浙东地区共有三个舜王庙，分别在绍兴、上虞和余姚，其中绍兴王坛镇的规模最大。舜王庙会是会稽山地区绍兴、上虞、诸暨等地民众的信仰民俗活动，影响了周边各地。相传农历九月廿七为舜王诞辰。庙会期间有祭祀、演艺和巡狩等活动，朝山进香、旅游览胜和看热闹的人也很多，于是便吸引了大量的商贾前来摆摊设点。

每年农历九月廿十七舜王诞辰的前后几天里，以绍兴王坛舜王庙为中心，附近民众都会去庙里进香，参与人数多达几十万，舜王庙附近形成热闹的集市。且历史上每隔几年，这里的民众都会把舜王庙里的神像抬出来，形成一支浩浩荡荡的迎神队伍，载歌载舞，表演一系列精彩纷呈的民族民间艺术。这支队伍按一定路线在山区各村落间巡行，从队伍出发到返回庙中，前后需经两三天时间，参与巡会的队伍人数则多达五六千人。这场盛会，既是对人类祖先舜王的祭奠，也是民众与商旅共同狂欢，集货品交易与娱乐买卖于一体的市场活动。

1958 年开始，舜王庙会被取缔。2001 年，舜王庙会重新恢复巡会传统。2007 年 6 月，"绍兴舜王庙会"被列入第二批浙江省非物质文化遗产名录。

城隍庙会

"城隍"一词原指古代的城墙和护城河，泛指城池，后来引申为守护城池的神。《礼记·郊特牲》曰："天子大蜡八。""天子大蜡八"就是古代年终时天子率诸侯合祭八种神，以祈来年不降灾害。据孔颖达的疏解，"水庸之属，在地益其稼穑"中的"水庸"是保护土地庄稼的神祇，后被附会为守护城池之神，所以称作"城隍"。城隍指主管某个城市之神，属于自然神，因此凡有城池的地方，就建有城隍庙。《北齐书·慕容俨传》云："城中先有神祠一所，俗号城隍神，公私每有祈祷。"说的是郢城的官民，常去城中的祠庙求城隍神庇护。

城隍，也称城隍神、城隍爷，是中国民间和道教信奉的守护城池之神，也是中华民族宗教文化中普遍崇祀的重要神祇之一。因为各地都有自己的城隍庙和城隍神，所以逐渐地，城隍神不再是固定的某一位神祇，而是由有功于地方的名臣英雄充当。盈川（今衢州）的城隍是"初唐四杰"之一的杨炯，由于他在武则天掌政的时候到盈川当县令，为求雨而投井殉职，百姓感念其无私，奉祀至今，并形成庙会。

浙江各地均有城隍庙，但庙会日期各不相同，如嵊州市城隍庙会在农历十月十六，柯桥城隍庙会在九月十二，新昌城隍庙会在七月半和九月十二，江山城隍庙会在每年农历五月十五、十月十五。虽会期各不相同，但到了庙会期间，庙内组织演戏，经常出现"酬神戏连演三昼夜"的盛况，庙口街上人山人海，热闹非凡却是各地颇有些雷同。四方百姓届时纷纷来庙里许愿还愿、祈福祈寿、进香摆供。届时庙前路旁商家云集，各色买卖兴隆，衣食布匹、日杂百货应有尽有，较普通的市集更热闹一些。

财神庙会

财神也是我国道教神明之一，主管人世间的财源。古代，人们在除夕夜吃完饺子，彻夜不眠等待接财神，到了大年初二还要祭拜财神。如今，很多地方将正月初五定为迎财神的日子。但财神并不是唯一的，民间信仰的财神很多，根据形象差别，财神可分为文财神和武财神，文财神则为比干、范蠡等文臣，武财神指关公、赵公明等武将。除此以外，广为人们信仰的财神还有五圣、五显、五通、柴荣、财公财母、和合二仙、利市仙官、文昌帝君、活财神沈万三等，其中文武财神、五圣的信仰最具广泛性。

浙江各地寺庙大多供奉财神，每年正月初五为财神的诞辰，各地寺庙举行财神会，祭祀财神。新中国成立前，萧山临浦一带把关帝视为财神和水神，每年农历五月十三在关帝庙举行庙会。并且从五月初一至十三，临浦商界轮流做东，请戏班演戏，以求生意兴隆。新昌澄潭的关帝庙会则与临浦不同，在四月廿八举行庙会。

浙江最著名的财神庙当数杭州的天下第一财神庙，此庙位于西湖风景名胜区飞来峰西北，已有一千六百余年的历史，文化

底蕴深厚，宋代因寺内供奉"五显财神"而被宋徽宗赐名"灵顺庙"，享誉全国。加之其庙址在北高峰的顶峰，登高临远，气象万千，所以更吸引历代帝王和文人墨客。宋徽宗，清康熙帝、乾隆帝都曾到此庙，并为之题词。明代书画家徐文长留下"天下第一财神庙"的匾额，至今依旧挂在庙前。现存的大殿建于明末清初，规模宏大，堪称中国最著名的财神殿。相传天下第一财神庙十分灵验，吸引了许多善男信女前往祈福。每到庙会日，庙内庙外更是拥挤不堪，香客多到甚至挤不进殿内。只是这个财神庙位于山顶，上山不易，运货更是不便，因此庙会之日，商贩倒是不如其他平地上的庙宇来得多。

元帅庙会

元帅庙会是浙江省特有的民俗庙会，旧时主要流行于钱塘江北岸，包括杭州余杭及周边的临平、萧山、桐乡、海宁西部等地，尤其以海宁许村镇翁埠村、塘桥村一带为最盛。每年农历五月十六，当地都要举办元帅庙会。元帅，一般又称"温元帅""瘟元帅"或"元帅菩萨"。海宁许村元帅庙会的来源，相传与一位杨姓进士有关，据说他生活的时代，瘟疫横行，井水成了时疫的传染源，为了拯救百姓，农历五月十六杨进士以身投井证明井水有毒，百姓感念其恩德，建造了元帅殿祀奉他。每到农历五月十六这一天，都要举行声势浩大的庙会活动。

杭州城区有多个元帅庙，萧山义桥、绍兴安昌、嵊州城关也都有元帅庙会。温州的忠清王庙，俗称也作元帅庙。雍正《浙江通志·祠祀》记载："王姓温氏，讳琼，字永清，号子玉，温之平阳人。初封地祇主令、翊灵昭武将军、正佑侯，嗣封正福显应威烈忠靖王，则宋季之累加也。旧庙祀浙之温郡。其祀于钱塘，则自宋宝庆二年始。时灾厉盛行，有司迎王禜除患立已，杭人德王，将导引还郡，舁夫百像，弗为动迁，人谓王顾歆斯土。府尹袁韶奏请于朝。初立观于杭之苏堤，后徙建于城之东保安坊南良里，额曰旌德昭王仁也。"按照这个说法，杭州城内的元帅庙会始于南宋，流传于明朝，而盛于清。

无论哪种来源，不变的是，每年的农历五月十六，四方信徒纷纷前来祝贺，成为当地流行的一种民俗。

海宁许村的元帅庙会，除祭奠外，还会组织上万人参与各种民俗文艺表演，包括舞龙、舞狮、马灯舞、舞大刀、踩高跷、闵心灯舞等。其表演队伍一路穿行，直到核心区域元帅殿结束。热闹的场景、熙熙攘攘的人群，吸引了大量商旅前来设摊贩卖，因此在庙会期间，这里不仅是当地举行宗教活动的场所，也成为市民聚集交易的盛会。

史上由于战乱等原因，海宁许村的元帅庙会曾一度中断，直到 20 世纪 90 年代才逐渐恢复。21 世纪以来，海宁市在社会各界的帮助下，加大了对元帅庙会的保护力度，扩展了原有的场地和设备，重点保护和传承了与元帅庙会相关的实物材料。现在海宁元帅庙会已被列入浙江省省级非物质文化遗产名录。

胡公庙会

胡公俗称"胡公大帝"，乃宋代名臣，姓胡名则，字子正，浙江永康人。光绪《永康县志》记载："北宋仁宗明道元年（1032）授工部侍郎集贤院学士，则尝奏免衢州、婺州两地身丁钱，民怀其德，户立像祀之，在方岩者赐额曰赫灵祠。"民众感念他体恤百姓劳苦和向朝廷请求免去人口税，于是立祠祭拜他，并定期举行庙会。

胡公庙会在永康方岩、新昌回山、杭州龙井等地区比较流行，而永康方岩胡公庙会尤其以其规模宏大，范围广泛，持续时间长而闻名。永康方岩山广慈寺里立着胡公像，每年农历八月十三为胡公生日，永康、武义、东阳等县常有民众云集朝山膜拜，时间从农历八月初一至九月中旬，持续一个半月左右。永康各村还设有一支或数支罗汉班，每支罗汉班都有三支以上的表演队。长时间的庙会，加上丰富的表演，吸引了各地的香客和来往商贩，每年参与的人数众多，香火生意十分兴隆。方岩山周边的乡村以木作、铁制玩具等手工艺品，吸引了众多游客，形成了另一种商业模式。此外，民间还有"十岁上方岩"的习俗，儿童拜胡公、明志向，感受《胡氏家训》中"为官心存家国"的胡公文化，祈福健康成长的同时，接受励志教育。

曹娥庙会

曹娥为东汉时上虞人。据曹娥碑记载，东汉汉安二年（143），曹娥之父曹盱为迎潮神伍子胥溯涛而上，溺水身亡，却不见尸身。年仅十四岁的曹娥为寻找父亲，沿江号哭十余天，后投江而亡。五日后，她抱着父亲尸体浮出水面。东汉元嘉元年（151），上虞知县度尚报奏朝廷，表曹娥为孝女，命邯郸淳写诔文，并建庙立碑。《古文苑》《水经注》《异苑》《后汉书·列女传》《上虞县志校续·度尚传》《会稽典录》等文献均对此事有记载，情节大致相似，只在具体细节上略有不同。

除"孝女"形象外，曹娥在民间还被当作"水神"。据上虞当地传说，狂澜涌过曹娥庙前时气势就会减弱，过了曹娥庙后又恢复，之所以会这样，是因为潮神伍子胥与文种皆是男性裸体，怕被女性潮神曹娥看到，所以只好低头避过。光绪刻本的《曹娥庙志》中还记录着两则降雨、止雨的传说：一则说，上虞曾连续两年干旱，人们祭祀曹娥后，就立马下雨了；另一则说，清嘉庆七年七月，淫雨连绵，曹娥江水量剧增，祭拜曹娥后，风雨立止。

位于曹娥江西岸孝女庙村的曹娥庙，兼具孝行教化的传统礼教功能和祈福免灾的水神民俗信仰价值。民间约定将每年农历五月十五至五月二十二定为曹娥庙会期。七天的庙会期内，远近四方的香客成群结队前来烧香和宿山，集聚曹娥庙。庙内烛光融融，香烟缭绕，钟磬呗唱之声此起彼伏，不绝于耳。久而久之，曹娥庙会还体现出颇具地域特征的乐舞特色和商贸色彩。其间，庙内三个戏台和附近相公殿、大王庙，以及庙北的露天空地上，总有上虞本土的民间歌舞与外来的戏曲、杂耍争奇斗艳。绍兴、余姚、嵊州等各地的商贾接踵而至，在庙廊、沿街摆摊设点，招徕生意，曹娥庙会成为香客、卖主、戏客、商贩的大聚会。据《绍兴市志》收录的1930年"曹娥娘娘出巡时迎神赛会队伍序列"图，可见当时庙会的盛况，规模宏大，声势浩荡。可惜，后来由于战争，庙会一度衰落。

到了20世纪80年代，曹娥庙会开始复兴，只是传统庙会中最精彩的反映当地特色的"迎神""巡会"并未恢复，曹娥成为当地政府弘扬孝文化的地方传统标志。2012年6月，曹娥庙会被列入浙江省第四批省级非物质文化遗产名录。

临安太阳庙会

临安太阳庙会，传说兴起于唐末。唐朝"安史之乱"时，大将军张巡在平定动乱过程中，立下赫赫战功，被封为"东平王"，他在转战浙江时，于太阳镇一带殉职。百姓为纪念他，在太阳镇东门头建造了一座东平王庙来纪念他。每年农历十月廿四到廿六，就定为传统的太阳庙会日。其中十月廿四到廿五举行东平王、东平娘娘神像的巡游活动，传说为东平娘娘带着东平王到她娘家界头村和她的外婆家八亩村去游玩。十月廿六则在庙地活动。每年庙会期间，人山人海，热闹异常，商贾云集，各类表演团体或艺人也闻讯而至。活动代代相传，太阳庙会成为临安规模最大的民间祭祀庙会，直到"文化大革命"期间才停止。

1987年太阳庙会恢复，庙会期间商贾云集，不仅有本地的商贩，而且上海、桐乡、金华、浦江、海宁等外地商人也纷至沓来，交易的物品包括农产品、服装、布料、电器、小五金、日用百货等，加上闻讯而来的各类表演团体与艺人，热闹更胜从前。1998年，太阳庙会光是表演就多达十余种，摊位更有一千四百余个，人们摩肩接踵，每天人流量超过三万人。如今，太阳庙会名气越来越大，逐渐成为临安祭祀英雄的典型代表，香火更胜往常，庙会的举行时间也已从三日改为七日。太阳庙会在祭奠英雄、弘扬忠义的同时，积极推动了当地的经济、文化、商贸的发展，成为临安规模最大的民间祭祀庙会。

鄞江它山贤德庙会

宁波市鄞江镇它山堰的贤德庙会，始于北宋咸平四年

（1001），旨在纪念修建它山堰的功臣。唐朝太和年间，县令王元暐主持建造它山堰并为之竭尽心力，其后，历代均有名宦与乡贤为维护与修缮它山堰、兴修水利做出贡献，这些人物也渐渐被纳入庙会的民俗祭祀活动中予以纪念。鄞江周边地方祭祀王元暐的庙宇有二十余处，然而有庙会的仅鄞江它山庙一处。

　　鄞江它山贤德庙会历史悠久，自北宋咸平四年（1001）王元暐将祠扩建为它山庙始，后又经历代朝廷的不断褒封，便成为鄞州西乡一带的著名庙会，已有千余年历史。与其他庙会不同的是，它山贤德庙会全年分农历"三月三""六月六""十月十"三会。其中三月三是它山堰竣工日，六月六为修建它山堰而开工掏沙日，又因其时正值早稻抽穗扬花季节，便谐音"稻花会"，十月十是王元暐的生日。三期庙会以十月十为主期，最是盛大，为期三天，其余只举行两天。主期时会将神像开脸、换袍、请进轿后出殿巡行附近四个乡镇，然后再折回殿中，总行程二十多里。巡行时非常热闹，会插彩旗、燃爆竹、打灯笼，民间艺人的表演紧随其后。百姓会抢着去抬神像，以讨吉利。庙会吸引了四面八方的乡邻，同时，也招徕各地商贾，会期来客众多，人流潮动，买卖兴旺。经常白天晚上还有京徽、滩簧、的笃班（越剧前身）、绍兴高调（绍剧前身）和民间说书艺人的演出，其繁华热闹播声百里。

　　民国初期，由于战火纷乱，庙会一度停办，抗日战争胜利后又再兴起，又于20世纪50年代至"文化大革命"期间停办。1988年，它山庙被国务院列为全国重点文物保护单位。王元暐神像得到重塑，此后游人和香火不断。2010年11月，鄞江"十月十"庙会暨它山旅游文化节开幕，同时举办商贸物资交流会、非物质文化遗产展示、鄞江古镇体验等活动，并采取了一系列保护措施。万千游客蜂拥而至，它山贤德庙会成为集祭祀、看戏、购物、娱乐于一体的复合式活动，既展示了当地的各种非物质文化遗产，也展现出巨大的商业价值和文化影响。

富阳龙门庙会

富阳龙门庙会最早可追溯到北宋时期，龙门孙氏家族人丁兴旺，始于孙权后裔孙洽与其子孙余庆为先祖孙钟（孙权祖父）建造的孙氏家族祭祀场所——香火堂，即孙处士祠。孙洽谢世后，孙余庆与儿子孙裕和孙子孙景纯商量，为纪念祖先种瓜积德而出天子，决定在石塔山（古称水口山）下的大路旁建造一座家庙，取名"荫功天子庙"。庙建成之后，孙裕请风水先生择日开庙，因孙权建都南京是在九月，祖父孙洽与父亲孙余庆也出生在九月，于是就定九月初一为圆梁开庙之日，这便是龙门庙会的由来。从此之后，农历九月初一前后三天，成为龙门庙会节日，方圆几百里的商贩纷纷聚集在龙门，交易物资品种繁多，市集繁荣。

时至今日，龙门庙会仍在继续，内容更为丰富，除了孙氏祭祖、掏牛锅、汉服巡街、跳魁星、跳竹马等传统活动外，会场还有三国英雄 cosplay 秀、王者荣耀城市赛，甚至有"网红"在现场直播，现场文创、美食云集，包括剪纸、雕刻、皮影等文化产品，酥饼、笋干、山核桃、鸽子蛋等农产品，沃豆腐、油墩儿、麦塌饼等百十种风情小吃，龙门庙会将传统与新潮有机地融合在了一起。

水上庙会

一些地方的水上庙会别具一格，也值得一提。比如在嘉兴北郊的"网船会"，俗称水上集会，又称刘王庙庙会，是京杭大运河江南段船民和渔民的一个重大庙会，也是江南唯一的水上庙会。这个庙会祭祀的是元朝灭蝗英雄刘承忠将军，又称"刘猛将"，民间称他为"灭蝗英雄"。庙会期间，江南各地各种式样的船只从四面八方自发汇集到莲泗荡里，把六千亩宽阔的荡面挤得只留下一条单行航道，船队延伸十多里，蔚为壮观，其热闹场面可以想见。清明时节，水上庙会的活动规模最大，各地的船只，尤其是苏浙沪皖一带的轮船、烧香船、丝网船、渔船、货船，都向刘王庙汇集而来。聚集之后，会有很多民间活动，如扎肉提香、杂耍、高跷、舞龙、舞狮、花鼓、莲湘、秧歌、龙舟船、踏白船等。船民向"灭蝗英雄"祈求平安健康。与此同时，各色船只交换所带货物，大宗货物交易在此期间极为频繁。2011年6月"江南网船会"被原文化部列入中国非物质文化遗产名录。

茶场庙会

"茶场庙会"又称"赶茶场"，主要流传在浙江磐安玉山一带。相传，晋代有个名为许逊的道士曾在磐安玉山修炼，发现这里峰峦起伏，崇峻崔巍，山上终年云缠雾绕，并且漫山遍野都是质量上乘的野茶树，便教当地农民培育茶树、种茶、制茶，并研发出"婺州东白"。此茶一出，得到各方茶客一致好评，当地山民由此转变为茶农，生活条件得到了很大的改善。许逊为玉山发展茶叶生产、打开茶叶销路做出了巨大贡献。当地人民感念他的恩德，尊他为真君大帝——"茶神"，为他建庙立像，四季进行朝拜，并逐渐形成了以茶叶交易为中心的聚会。

宋代，当地重建了玉山茶场和茶场庙，逐渐形成以茶叶交易为中心的会市活动"春社"和"秋社"。正月十五"春社"时，当地茶农盛装打扮到茶场祭拜茶神，并在茶场内举行迎花灯、演社戏等民俗活动。周显岱曾作《玉山竹枝词》描写这一盛会："茶场山下春昼晴，茶场庙外春草生，游人杂还香成市，不住蓬蓬社鼓声。"到了十月十五"秋社"时，茶农和周围民众带着秋收后的喜悦，从四面八方会聚到茶场赶集，形成了盛大的传统庙会，除祭祀茶神之外，还有叠罗汉、抬八仙、骆驼班、铜钿鞭、迎大旗、迎大凉伞等丰富的民间艺术表演。各地商人也来此设摊布点，场面热闹非凡，尤以茶叶交易为最。晚清以来，"春社"改为农历正月十四、十五、十六举行，"秋社"改为农历十月十四、十五、十六举行。

2007年，磐安茶场庙会被列入浙江省第二批省级非物质文化遗产名录。2008年，磐安赶茶场被国务院列入国家级非物质文化遗产名录。2022年11月，"中国传统制茶技艺及其相关习俗"入选联合国教科文组织新一批人类非物质文化遗产代表作名录，而磐安"茶场庙会"是该项目的重要组成部分，也是唯一一项庙会类项目。

菇神庙会

菇神庙会是为了纪念香菇人工栽培的先驱吴昱而创立的。宗谱记载，吴三公，名昱。因其兄弟多人，其排行第三，被菇民尊称为吴三公。宋高宗建炎四年（1130），吴三公出生于龙泉、庆元、景宁三地交接处的龙岩村。世祖吴子瑛唐时曾登第并任绍兴通判，后来吴氏祖先从山阴（今绍兴）迁到龙岩，为躲避战乱而隐居山林，好德修仁。吴三公深受家族文化的影响，胸怀大志，勤奋好学。他总结万千菇民的制菇经验，专心致志从事香菇栽培，创造出"砍花法"和"惊蕈术"等人工栽培香菇的技术，在实际实践中经常鼓励大家以降龙伏虎之精神从事香菇培育，从而成为菇民们的领袖。为了纪念他，庆元、龙泉、景宁三地的菇民集资建造菇神庙：庆元西洋殿、龙泉凤阳山神殿和景宁的三合堂，每年都进行祭祀活动，小祭常年不断，大祭有春祭、秋祭和迎神。春祭是每年农历三月十七，秋祭是每年农历八月十三。

香菇神庙除祭祀之外，还有其他特殊作用，具体而言分为以下四个方面：参与菇民领袖议事与决策；表演娱乐，欢庆丰收；练拳习武，交流技艺；交流物资，改善经营。这些都是香菇文化不可或缺的重要部分。庙会期间，菇民们的活动十分丰富：或走亲访友，或表演赛歌，或切磋技艺，或商谈生意。

2007 年，庆元菇神庙会被列入浙江省第二批省级非物质文化遗产名录。2010 年，有上万人参与庆元菇神庙会，场面热闹非凡。

酒仙神会

酒仙神会起于清咸丰二年（1852），当时山阴县（今绍兴）东浦的赏祊酒作坊主刘墨香发起成立了"酒仙神诞演庆神会"，简称"酒仙神会"，并在赏祊戒定寺后进设酒仙神殿，供奉酒仙菩萨。绍兴酿酒人众多，受此影响，家家都在每年农历七月初六至初八，举办酒神会。村村演戏，家家办酒，宴请宾客，盛况空前。

1936 年，绍兴东浦的酒神会改为酒业会市，东浦老酒产销量大增。东浦酒业会市共 3 天，除祭祀"酒仙菩萨"外，还举行迎神赛会、演社戏和龙舟比赛，热闹非凡。会市期间，商贩云集，酒坊、酒店与外来客商洽谈业务，签订合约，确定黄酒生产数量。

与此同时，杨家汇头（今杨川村）龙口庙内后进也供奉着酒仙菩萨。每年正月初一，在东浦八家大作坊，当开耙师父的杨家汇头匠人都聚集在酒仙殿内烧香燃烛，祈求当年的黄酒质量能高出一筹。八月十八酒仙生辰时，更是热闹非凡，当地村民都在庙内办斋演戏。

这个风俗后因战争一度停顿，抗战胜利后庙宇重修，此俗又跟着兴旺起来，直到中华人民共和国成立初渐渐消失。但杨川龙口庙祭酒仙活动从未中断，就连"文化大革命"期间神像被毁，庙宇改为他用，老百姓还是会暗暗地进行祭祀活动。2000 年，当地镇政府牵头，举行了一次大规模的祭酒仙活动。受此启发，经过多年的筹备和众多善男信女的慷慨解囊，2010 年，重建龙口庙和重树酒仙神像工程顺利完工，并且在挖掘原酒仙迎神庙会的相关资料的基础上，于当年农历七月初六举行了神像开光仪式，在农历八月十五举办了首次酒仙迎神庙会。2011 年 8 月 15 日举行了第二次酒仙迎神庙会，又新增了龙舟、神舟等水上巡神项目。2013 年 1 月，酒仙神会被列入第五批绍兴市非物质文化遗产名录。

建德三月三庙会

自元代叶氏七世祖开始，建德市新叶村每年都会举办农历三月三传统庙会。这个庙会源于我国古代的上巳节。"上巳节"是汉族的传统节日，早在周朝就已流行，在宋朝以前是汉族非常重要且受欢迎的节日之一。通俗来说，它相当于汉族的沐浴节、求子节、情人节、女儿节、游春节、踏青节数个节日的集合。到了这一天，古人们在河边祭祀、沐浴、饮酒、赋诗、踏青、歌舞、寻找心仪对象。不过，如今"上巳"这个叫法已鲜为人知，取而代之的是"三月三"这个名称。而且节日风俗相较古代也有所改变和简化。

新叶村位于建德市西南大慈岩镇玉华山脚，该村始建于南宋嘉定年间，距今已有八百多年的历史，既是浙江省内保存最完整的古代血缘聚落建筑群之一，也是目前国内最大的叶氏聚居村。每年农历三月三，新叶古村都会举行盛大的祭祖典礼，其重要性和热闹程度远胜于"春节""中秋"等传统节日，叶氏族人甚至有"三月三大于年"之说。到了那一天，新叶村各家各户都要把宰好的全猪、鸡、鸭三牲祭品抬进宗祠供奉祖先，还要举行迎神仪式、演戏赛会、抬阁巧、物资交流会等，热闹非凡。

2010年4月，建德新叶村举办了"三月三农耕文化节"，同时举行了叶氏家族三月三祭祀大典，集中展示了新叶特色农耕生活，不仅有附近的村民参加这个活动，许多外地游客也前来观摩体验，促进了当地旅游业的发展壮大。各地商贩们更在这一天到来之前就准备好了各种货物，提前摆摊设点，交流商品。

乌饭节

畲族"三月三"庙会，又被称为"乌饭节"或"对歌节"。每年农历三月初三，浙江景宁的畲族村落和畲族群众都会自发组织畲族对歌会，在祠堂、宫庙、山林、岗头或老屋、谷场演唱，后来相邻各村畲民集聚唱和，歌声带来了愉悦、热闹，也带来了各种商机，商旅云集。

由于畲族没有文字，三月三对歌时以畲语演唱，所以客观上起到了保护畲语的作用。同时，节日期间畲族男女老少穿上民族盛装，畲族服饰的使用也在客观上保护和传承了畲族民族服饰文化。

自 2006 年起，泰顺县畲族乡镇先后举办"畲族三月三风情节"。2010 年 4 月，中国畲乡"三月三"活动在景宁开幕。2022 年，畲族"三月三"乌饭节入选浙江省首批 100 个"浙江文化标识"培育项目名单。同年，畲族"三月三"被列入国家级非物质文化遗产代表性项目名录。

观潮集会

钱江潮自古闻名。唐代大诗人白居易离开杭州后，对钱江潮水念念不忘，其在《忆江南》中说："江南忆，最忆是杭州。山寺月中寻桂子，郡亭枕上看潮头。何日更重游？"潮起潮落，竟能引得诗人期待何日重来，究竟是怎样的风景，让人如此折腰？南宋周密在《观潮》一文中的记载揭开了这个神秘面纱："浙江之潮，天下之伟观也。自既望以至十八日为最盛。方其远出海门，仅如银线，既而渐近，则玉城雪岭，际天而来，大声如雷

霆，震撼激射，吞天沃日，势极雄豪。"

雄浑的潮水，激发了人们的热情。观潮始于汉魏，盛于唐宋，历经千余年，经久不衰。农历八月十八，是流传千年的传统观潮节，也被民间奉为"潮神生日"，代代相传，形成盛会。南宋定都临安（今杭州），于是在当时，观潮成为帝都盛景。杭州主祭潮神形成惯例，民间借观潮之际集会游乐。田汝成的《西湖游览志》卷二十记载，八月十八日，"郡守以牲醴致祭于潮神，而郡人士女云集，傥倩幕次，罗绮塞涂，上下十余里间，地无寸隙……其时，优人百戏，击毬关扑，鱼鼓弹词，声音鼎沸，盖人但借看潮为名，往往随意酣乐耳"。宋代开始，祭拜潮神已经成为官方仪式，观潮嬉戏娱乐成为民俗习惯，人们看潮的同时还不忘娱乐，打球、博戏、听曲、看戏。所以宋代娱乐业的发展，已经进入行业细分阶段。当然，与娱乐同步进行的还有小吃、零食、玩具、日用品的买卖。杭州人农历八月十一起就陆续出门观潮，到了十六、十八，则倾城而出，从庙子头到六和塔，沿江楼房均被租赁当作观潮看位。

西湖香市

浙江香市以西湖香市最为有名。明人张岱的《陶庵梦忆》记载："西湖香市，起于花朝，尽于端午。"花朝节就是"花神节"，旧时江南一带以农历二月十二为百花生日，花朝节就起于此时。端午节，全国统一为农历五月初五。因此，依张岱所说，西湖香市从二月一直持续到五月，将近三个月的时间是香市最盛的时候。又说："山东进香普陀者日至，嘉湖进香天竺者日至，至则与湖之人市焉，故曰香市。然进香之人市于三天竺，市于岳王坟，市于湖心亭，市于陆宣公祠，无不市，而独凑集于昭庆寺。昭庆两廊故无日不市者，三代八朝之骨董，蛮夷闽貊之珍异，皆集焉。"杭州是浙江香市的中心，无论是往东去普陀拜佛还是在杭州进香，大都在环西湖的景点进行香火交易，各地信徒尤其以昭庆寺为中心，所以这里出现了很多市贸商贩。

香市举行期间，众人在西湖周边各寺院、杭城的庙宇中敬佛烧香。山中进香之处主要为上天竺的法喜寺、中天竺的法净寺、三天竺的法镜寺。此外，昭庆寺、灵隐寺、净慈寺、虎跑寺、大佛寺、玉泉寺、胜果寺、陆宣公祠、岳坟等处亦为香客云集之所。苏州、松江、常州、镇江、嘉兴、湖州等府的善男信女，穿着土布衣裳，背着香袋，自带干粮，数十上百人成群结队，坐船到杭州进香。也有安徽的香客顺着京杭大运河南下，先至湖州白雀寺，再到杭州。

张岱还在《陶庵梦忆》中极言西湖香市之盛况："至香市，则殿中边甬道上下、池左右、山门内外，有屋则摊，无屋则厂，厂外又棚，棚外又摊，节节寸寸。凡赪赦簪珥、牙尺剪刀，以至经典木鱼、孖儿嬉具之类，无不集。"所以当时西湖香市寸土寸金，有房子的地方，就地设摊，没有房子的地方，则就地搭起棚舍，庙宇周围的每一寸土地都地尽其用。广大的信徒带来了巨大的市场，香市上不仅售卖木鱼、香烛等佛教相关用品，而且日常用的尺子、剪刀，女人用的首饰、化妆品，乃至儿童的玩具等无所不包。又云："宋元名画，不胜其湖景佛图之纸贵。如逃如逐，如奔如追，撩扑不开，牵挽不住。数百十万男男女女、老老少少，日簇拥于寺之前后左右者，凡四阅月方罢。恐大江以东，断无此二地矣。"把西湖香市人山人海、摩肩接踵之景描摹得淋漓尽致。巨大的人流量，漫长的香市交易时间，使当地的商品、旅游、住宿、娱乐等各个行业全面繁荣。

西湖鸟会

西湖鸟会是由杭州养鸟爱好者自发形成的集会，一般固定在清晨的茶馆里举行，也有在西湖山水林间随聚随散的。众多养鸟爱好者会在此交流，探讨养鸟经验，品评鸟儿的优劣，交换或出售多余的笼鸟，互通各地鸟类市场信息。

《说杭州》载，杭州有鸟店，专网罗各种鸟类，如八哥、芙蓉、画眉等，聚而卖之。棚桥狗儿山斗画眉为杭州旧时之逸事，其由来已久。清代驻防旗人最喜蓄鸟，往往手提鸟笼至涌金门坐茶店。杭人亦多养鸟，悬在自家屋檐下或放在室中。鸟笼往往也甚为考究，因此鸟笼制作成为杭州手工业的一项分支，形成了一个细分的手工产品市场。

除鸟会外，还有鸟市。原岳王路花鸟市场内有个全年开放的鸟市，供应芙蓉、虎皮鹦鹉、相思鸟等各种鸟类，以及鸟笼、鸟饲料等相关产品。2006 年实施的吴山景区一期综合整治工程，恢复了杭风浓郁的吴山香市、鸟市等传统文化风俗项目。至今，吴山花鸟市场仍是生意盈门。

浙江蚕桑生产

浙江是我国蚕丝业的发源地之一。早在春秋时期，就有越人养蚕的记载。《越绝书·计倪内经》记载，计倪曾劝导越王勾践云："臣闻君自耕，夫人自织，此竭于庸力，而不断时与智也。"勾践听从他的建议，努力发展农业与蚕桑纺织，这也成为后来越国崛起于春秋的重要原因之一。

秦汉时，浙江的蚕桑事业得到初步发展。到了魏晋之际，因为战乱，大量北方流民南迁，随之而来的是黄河流域的种桑养蚕技术，浙江的蚕桑业因此获得了较快发展。温州培育出了多种蚕种，《齐民要求》引《永嘉记》记载，永嘉甚至养出了八辈蚕。此时，浙东的蚕桑生产开始流行到浙西与浙北地区。

隋唐以来，浙江的蚕桑事业进一步发展。当时余杭的蚕种极其富足，每到收蚕旺季，各地船只纷至沓来。余杭人收完茧后，将厚桑皮纸覆盖在蚕卵上，卖到海盐和桐乡等处，获得了十分丰厚的利润。后来因为余杭蚕种质量好，市场上供不应求，甚至出现转售商。南宋以后，浙北的嘉湖地区成为中国东南地区最大的蚕桑基地。明代中叶，浙江的蚕桑事业到达鼎盛阶段，杭嘉湖的蚕丝产量也一跃高居全国首位。到了清代，余杭的蚕种已经跨出国门，远销日本。

浙江桑叶贸易

浙江养蚕业开始得早，对桑树选择也就格外在意。南宋时，浙江已经出现了许多桑树品种，主要有青桑、白桑、黄桑、花桑、鸡桑、拳桑、黄藤桑、大小梅、红鸡爪等。明代时，崇德（今桐乡）、吴兴等地又培育出荷叶桑、鸡窝桑、扯皮桑、密眼青、槐头桑、尖叶桑、红头桑、紫藤桑、望海桑、木竹青、火桑、山桑、乌桑等品种。据嘉兴、湖州等地县志的记载，明清时期嘉、湖地区的桑树品种已多达二十二种，其中以富阳桑为最上品。《湖州府志》卷三十记载，富阳桑"其大者可得叶数石。倘不令虫蛀及水灌其根，愈老愈茂，年远不败"，而且"桑皮坚，虫不能啮，最为佳种"。富阳桑不仅存活时间长，还特别耐虫病。这样优秀的树种本该在桑叶市场上大放异彩，可惜由于当时桑叶商贩的垄断经营，富阳桑的种子一般不许对外流通，所以一般桑户想要获得富阳桑的种子并不容易，因此富阳桑并未获得广泛栽种。

明清时期，浙北丝织业进一步发展，蚕桑市场的专业化水平不断提高。当时浙江已有专门种植桑树、出售桑叶的农户。一开始是养蚕之家直接与桑树种植者联系、购买，市场进一步成熟后，浙北一些市镇便出现了专营桑叶交易的"叶市"。一般来说，无法自给自足的蚕农向本乡叶户预购春叶，嘉兴、苏州一带专门生产桑叶的农户把桑叶送到乌青石门等市镇的叶市上，由叶行进行出售。例如，桐乡濮院镇有桑叶行，立夏三日开市，分为头市、中市、末市。每一市三天，每一日的市场叶价又根据早市、午市、晚市情况各不一样。由于桑叶是时鲜物品，不同季节价格相差很大，即使在一日之中，早市与晚市价格也很悬殊。叶市的繁盛，催生了大量的中间商。民国《乌青镇志》卷二一《工商》引董蠡舟《乐府小序》记载："叶莫多于石门、桐乡，其牙侩则集中于乌镇。"虽然石门和桐乡产的桑叶最多，但是中间商却多出乌镇，显示了商业分工在当时已经出现了专业化与细分化的倾向。

除了专门进行桑叶买卖的农人，当时还出现了专门培育桑种，即以种桑秧为业者。一部分农民发现培育桑秧比直接种桑养蚕能获得更为稳定的收益，于是便以培秧为生。康熙《长兴县志》卷三《民业志》记载："衔亩可得五千余本，本售三厘，亩可致十五、六金，乡民多效之，几无虚地，亦本业也。"由于培育桑秧可以获得高收益，于是农人争相效仿。乾隆年间人张燕昌曾说："夜泛轻航买女桑，三春乡市各纷忙。侬家接得石门种，十亩闲闲蔽草堂。"每年春季，外地农人沿着水路行船到石门，大量石门桑秧销往外地，插满了各地的农田。位于桐乡与吴兴两县交界处的乌青镇有专门销售桑秧的桑秧行，乾隆《乌青镇志》卷二《农桑》记载，每年春天，"远近负而至"。黄省曾的《蚕经》则明确指出杭州的北新关也是远近闻名的"桑秧市"。由此可见，浙江省内桑秧销售行众多，甚至出现了专门的集市。

古代桑叶多时则卖，少时则买。桑叶有三种买卖方式：一是现买，二是预购，三是"稍叶"或"寒叶"。"稍叶"是指农民临时缺钱，一时无法解决用钱之需，只能将桑叶预售。而所存桑叶不够又需"稍叶"的农民，要按照市场价向桑叶商行进行购买、借贷或赊买。"嘉湖风俗，以立夏日桑则开剪，叶则开秤，行则开市。卖叶者投行报数，买叶者赴行定价。有囤户，有贩户。南乡贱则买之，北乡贵则卖之，谓之贩鲜。赊甲之叶，卖乙之现价，谓之跳青。卖者望叶贵，买者冀叶贱，皇皇然废寝忘餐。"据陈恒力《补农书研究》考证，明末清初，不同时间与地区的每担桑叶价格受当时供求状况影响，定价之间有相当大的差别，所以有"仙人难断叶价"之说。

丝绸市场

中国人养蚕、缫丝的历史悠久，丝绸一直是中国重要的特产。早在西汉时期，中国的丝绸就从长安出发，途经甘肃、新疆，一路往西，延伸到中亚、西亚与地中海附近国家，成为中亚至西方国家人民心目中象征中国的代表性产品。浙江是世界丝绸的发源地之一，尤其是浙北的杭嘉湖地区，当地人民辛勤劳作，通过蚕桑丝织业，过上了富庶的生活。光绪《杭州府志》记载，杭州府"人家世守蚕织，是以村村富实"。宋代以后，全国的丝绸中心移到了南方。南宋时期，临安成为全国丝绸生产和贸易中心。《西湖老人繁胜录》记载，南宋时期，临安城内有丝绵市、生帛市、枕冠市、故衣市、衣绢市、银朱彩色行等六大类与丝绸相关的行市。

明代，湖州丝市空前繁荣，明代邬桥沈氏的《奇荒纪事》记载，当时蚕桑成了"湖民衣食之本"，湖州民众习惯于种桑养蚕。嘉靖《德清县志》卷三《食货考》说湖州"桑稻连畴"，而康熙《德清县志》卷四《食货考》则记载，德清县在明中叶已经"桑拓成荫，蚕缫广获"，说明从明朝初期到中期，一百多年间，湖州当地种植的桑叶已经连绵成荫，水稻种植面积反而比不上桑树。养蚕缫丝给当地民众带来了丰厚的收益。明末清初思想家唐甄极言蚕桑之利，他在《蚕教》中说"吴丝衣天下，聚于双林，吴越闽番至海岛，皆来市焉。五月载银而至，委积如瓦砾，

吴南诸乡岁有百十万之益，是以虽赋重困穷，民未至于空虚。室庐舟楫之繁庶，胜于他所，此蚕之厚利也。"而且养蚕没有普通务农四时之劳，一般只是四月份会比较辛苦，对劳动力的要求也不高，妇孺老人皆可参与。

　　清代，浙江杭嘉湖地区人民的生活与明代相似，城市、市镇经济更加繁荣，对蚕桑丝绸的依赖，不减反增。咸丰《南浔镇志》卷二十一《物产》称"列肆购丝，谓之丝行，商贾骈毗，贸丝者群趋焉，谓之新丝市"。

湖州辑里丝

辑里丝，产自浙江省湖州市南浔镇辑里村。当地气候温润，温度适宜，村民从元代末期开始养蚕制丝，加上辑里水质优良，所产的蚕丝质量上乘。明清时期，辑里的蚕农改良了蚕丝生产技术，生产的蚕丝圆、匀、坚、白、净，还很细，一个春蚕蚕茧缫出来的丝长达一千三百多米，秋蚕缫出来的丝也将近一千米，而且柔韧性特别好，一根丝能穿起八个铜钱且不断，而普通的蚕丝只能穿起三四个。清朝时，辑里丝成为制作皇帝龙袍的御用品。1851 年在英国伦敦举办的万国博览会上，辑里丝夺得金奖。2011 年，"蚕丝织造技艺（辑里湖丝手工制作技艺）"被国务院批准列入国家级非物质文化遗产名录扩展项目名录。

辑里丝畅销国内外，四方商贾，俱来收丝。明成化《湖州府志》记载："湖州惟七里尤佳，较常价每两必多一分。"因辑里生丝品质好，故而价格往往比普通蚕丝高一分，但这也挡不住各地厂商对它的期待，纷纷到地头来收丝。"每当新丝告成，商贾辐辏，而苏杭两织选皆至此收焉。"一时带动了南浔的蚕丝经济。清康熙时辑里丝声名远播，上达京师，大贾巨商不远千里前来求购。辑里丝不仅在国内市场畅销，还逐渐远销至欧美各国。因质佳价廉，引得法美两国各来购求。

湖州辑里丝的商业市场盛况空前，如南浔的民谚所写"小满见新丝"，到了农事繁忙的季节，蚕农既要缫丝，又要夏收夏种。《田家吟》云："三车小满一齐动，妇女缫丝男灌田。"所谓三车，是指丝车、油车、水车。明人谢肇淛在《西吴枝乘》中说，对于蚕桑之事，"湖人尤以为先务，其生计所资，视田几过之"。明代中叶，人们已经将桑蚕业视为超过普通农田经营的营生。新丝上市，丝行埭上出现了卖丝的盛况。曹仁虎的《浔溪竹枝词》云："红蚕上簇四眠过，金茧成来欲化蛾，听道今年丝价好，通津桥外贩船多。"当时贩丝船都集中在通津桥十字港，因近丝行，为早期辑里丝市场。温丰的《南济丝市行》也记载了类似的情形，蚕事方才兴起，便有各处买卖的乡农争相奔赴市场，熙熙攘攘，摩肩而行，市场中塞满了人，几近迈不开步伐，只闻得人声鼎沸。丝市相连，从一天的早晨干事到正午，大家忙着买卖蚕丝，根本不觉日累长。而且彼时交易不仅发生在市场内部，茶棚和酒肆同样成为客商们频繁造访的交流场所，不少交易就是在这些地方完成的。

余杭清水丝

杭州市余杭区地处杭嘉湖平原，位于苕溪岸边，受到天目山水源的滋养，气温与湿度非常适宜丝绵的生产。当地的清水丝历史悠久，因水净漂清而闻名。余杭的养蚕历史可追溯至距今将近五千年的良渚文化时期。周朝时，杭州已经出现不少农户养蚕、缫丝。到了唐代，绸缎被列为贡品。《余杭工商志》记载，唐代开元年间，"余杭、钱塘一带缫丝、织绸、造纸等家庭工业逐渐兴起，余杭郡贡品有绯绫、纹绫……"。余杭丝绵是蚕丝业的主要副产品，余杭制作的清水丝绵色白体匀，手感柔滑，弹性好，拉力强，无绵块、绵筋和杂质，品质优异。诗人白居易在《醉后狂言酬赠萧殷二协律》一诗中称赞清水丝绵云："吴绵细软桂布密，柔如狐腋白似云。"

南宋时，因余杭丝品质精良，高宗特谕"清水丝"为贡品。

《杭州府志》记载："杭州（余杭郡）岁贡绵。""钱塘、仁和、余杭……九县，岁解绵，以同宫与出蛾之茧，不任缲丝者，做为绵，以余杭所产为佳。"元、明沿袭宋旧。清代康熙年间，余杭丝绵曾远销日本，并逐渐享誉全球。民国时期，余杭"老恒昌"清水丝绵行销国内外。

抗战时期，因为被战火波及，余杭丝绵产量锐减。1965 年，当地的职工在余杭镇办起了丝绵加工厂。20 世纪 80 年代时，这里几乎家家制丝绵，但随着市场经济的发展，蚕桑生产的效益不好，当地的丝绵产量日渐减少。20 世纪 90 年代初，杭州市余杭丝绸厂成立，除缲丝织绸外，仍生产传统名产清水丝绵。

桐乡濮绸

濮绸是桐乡濮院出产的传统丝绸产品，又名濮院绸，有"天下第一绸"的美誉。元代，濮氏后代在濮院设立四大牙行，收购四乡的绸绢，一时商业发展迅速，获利颇多。明《濮川志略》记载："南宋淳熙以后，濮氏经营蚕织，轻纨纤素，日工日多。"明朝政府对栽桑养蚕事业的鼓励，推动了桐乡濮绸的进一步发展。自明中叶以来，濮院一带的农民家家户户逐渐把养蚕缲丝和纺丝织绸作为生活的主业和家庭经济收入的主要来源。沈廷瑞的《东畲杂记》记载："近镇人家多业机杼，间有业田者，田事皆雇西头人为之。西头，谓石（门）、桐（乡）邑界，其地人多而田少，往往佃于他处，每于春初挈眷而来，年终挈眷而去，名曰种跨脚田。"说明当地农民在丝绸利益的推动下，已经逐渐将经营重心从传统农业转移到丝织业，原始的农耕火种逐渐变成了家庭副业，甚至需要雇用邻乡的农民来帮助种植粮田。

在桐乡蚕桑的重要性逐渐超越了传统的地头农耕后，民众"以机为田，以梭为禾"，在他们的努力下，濮绸很快闻名海内外。《濮镇纪闻》对此有较为详细的记载："吾里机业十室而九，终岁生计于五月新丝时尤。亟富者居积，仰京省镶至，陆续发卖。而收买机产，向传设市翔云观，今则俱集大街，所谓永乐市也。日中为市，接领踵门，至于轻重诸货，名目繁多，总名曰绸。而两京、山东、山西、湖广、陕西、江南、福建等省各以时至，至于琉球、日本，濮绸之名几遍天下。"濮绸质量优良，种类繁多，有花绸、花绢、花绫、花罗等。这些丝绸制品，总体而言具有质地细密、柔软滑爽、色彩艳丽、牢度强等特点，跟当时的杭纺、湖绉、菱缎合称江南四大名绸。濮绸不仅在国内深受各大省市丝绸商的欢迎，更是历代朝廷的贡品，而且远销海外。濮绸的名声和质量，吸引了富商大贾不远千里，携款而来。这样大规模的采买，又进一步推动了当地绸行事业的发展，镇上绸行列布。

清初，清政府控制对外贸易，实行海禁政策。光绪《桐乡县志》卷四记载，顺治初年，仍有不少晋、陕、皖、浙商人以绸缎换取洋货，将浙产的濮绸由粤商经苏州贩运输出。康熙初年，允许洋船驶泊澳门，与政府给予特权的商人进行有限制的贸易。浙江所产的丝被大量辗转运输出口。乾隆时期，濮院已经发展成为"烟火万家""日出万绸""终岁贸易不下数十万"的著名"绸市"了。总之，濮绸已经成为桐乡濮院地区的重要丝织品，闻名四方。后来桐乡被设为沿海经济开发区，更是推动了丝绸工业的发展，进一步扩大了相关丝绸产品的销售范围。

绍兴越罗、越绫

唐代前期，越州（今绍兴）成为浙江蚕桑丝织业基础最好、发展最快、势头最猛的一个地区。越地的丝织品品质轻柔，纹样精致，很早就被列为贡品。越州最主要的丝织品是越罗和越绫。唐代诗人杜甫曾在《白丝行》中赞越罗云："缫丝须长不须白，越罗蜀锦金粟尺。"又有《后出塞》曰："越罗与楚练，照耀舆台躯。"李贺的《秦宫诗》也有类似的称道："越罗衫袂迎春风，玉刻麒麟腰带红。"罗昭谏则在他的《绣》诗中将越罗与蜀锦对举，称："蜀锦谩夸声自责，越绫虚说价犹高。"这些诗句无一不体现出越罗精湛的工艺和高昂的价格，在唐代诗人的笔下，越罗已成为华丽与富贵的代名词。

越州绫罗品种繁多，越罗又分"宝花罗""花纹罗""万寿藤罗""七宝火齐珠罗"等品种，越绫又分为"白编绫""交棱绫""十样花纹绫""盘绦缭绫""樗蒲绫""絓绫"等。越罗和越绫在唐代都极为风靡，越罗可作为宫中服饰、床上用品等，越绫可作官服、装裱书画等。两者不仅进贡皇家，还供给寺庙、尼姑庵等，总之，闻名乡野，广受消费者的喜欢。甚至有传闻，四川曾纺织冒充越罗的丝绸产品。传闻未知真假，然越罗的风靡程度却由此可见一斑，显然越罗在当时是弥足珍贵的高档丝织品。但随着历史的变迁，越州绫罗的传统丝织技艺已经失传。

如今，达利丝绸与中国丝绸博物馆为了再现精美的越罗，在文献研究和考古文物发现的基础上，复现了越罗传统丝织设备，并实现了生产。绍兴市政府也加强了对越罗技艺的保护和开发，"越罗制造技艺"于2015年入选第六批绍兴市非物质文化遗产名录。

双林绫绢

双林是浙江省湖州市南浔区下辖的一个地区，距湖州城东约三十公里，地处杭嘉湖平原之间的水系山脉间，属于亚热带气候，夏季高温多雨，冬季温和少雨，气候适宜，历来盛产蚕桑。在中国传统的丝织品绫、罗、绸、缎中，绫居于首位，绫绢则为丝织品绫与绢的合称。双林绫绢历史久远，据钱山漾新石器时代遗址中发掘出的绢片推断，四千七百多年前双林已经开始生产绢类织品，绫的织法更复杂一些，因此出现的年代略晚于绢。三国时期便有"吴绫蜀锦"，这个"吴绫"主要指的就是湖州双林的绫，湖州当时隶属东吴。到了南朝的宋代，双林绫绢已成为当时对外贸易的重要商品，大批绫绢经由广州等地出口到林邑（越南）、扶南（柬埔寨）、天竺（印度）、狮子国（斯里兰卡）等东南亚十余个国家。梁武帝时，双林绫绢生产相当发达。范文澜的《中国通史简编》记载，"梁时商业尤盛"，我国与南海诸国通商，"输入货物多是象牙、犀角、珠玑、琉璃、古具、香料等，中国输出货物多是绫绢、丝绵等"。到唐代，绫织物生产已进入全盛时期，双林绫绢因其卓越的品质被列为贡品，并远销日本等国。诗人白居易曾用"异彩奇文相隐映，转侧看花花不定"的诗句对"双林绫绢"加以高度赞美。

元代双林镇的绫绢生产也十分兴盛，《双林镇志》记载，镇上"有绢庄十座，在普光桥东，每晨入市，肩相摩也"。染绢的皂房集中在耕坞桥一带，因为漂洗皂绢的数量大，甚至染黑了桥下的清水，因此当地有"墨浪潮"之说，双林也由此获得别称"墨浪"。到了明代，游人行至双林镇，但闻各家机杼声；走过当地的大小河流，只见吴船越舶熙熙攘攘。明代张廉的《重建化

成桥碑铭》云："溪左右延袤数十里，俗皆织绢，于是四方之商贾咸集以贸易焉。"

双林已成为拥有几千家丝绸专户的大镇。镇上倪姓庄人的织绫工艺很特别。《双林镇志》载："按镇之绫，以东庄倪氏所织者为佳，名为倪绫。盖奏本面绫有二龙，惟倪姓所织龙睛突起有

光，他姓不及也。"朝廷"奏本"由此专用双林"倪绫"。清乾隆时镇上有绢庄二十余家，并出现了初具规模的丝绢工场。到了近代，1919 年至 1921 年间为双林绫绢生产的鼎盛期，当地脚踏手拉织机多达两千余台，年产量高达二百四十多万米。

　　可惜抗日战争时期，受战火影响，双林绫绢一度衰落。

新中国成立后，双林绫绢逐步恢复生产。在传承与发展的基础上，双林绫绢派生出了许多不同花色的种类，如倪绫、灯绢、裱绢等丝织品和绢制宫灯、风筝、锦盒等工艺品。这些产品不仅在国内热销，还出口到欧美地区。同时，绫绢逐渐成为双林旅游业的标签，与文旅产业相互呼应、共同发展。

1958 年，双林绫绢厂成立，至 1979 年，绫绢年产量已达到 106 万余米，首次突破百万米大关，行销全国，并出口到欧美和东南亚。 正是由于不断推陈出新，双林绫绢不仅传承了原来的丝绸纺织技术，也发展出新的门类和方向，在获得经济效益的同时，巩固与发展了传统工艺。近年来，各级政府加强了对双林绫绢产业的保护、开发与传承。2008 年，双林绫绢被列入国家级非物质文化遗产名录。2010 年，南浔区建立双林绫绢传统制作技艺传承基地。

王江泾镇丝绸

王江泾镇位于浙江省嘉兴市秀洲区，这里自古以来丝绸织造甚为繁盛，尤其是南宋时期，成为丝绸贸易集镇，在当时还获得了"衣被天下"的美名。

明代万历年间，就有苏州向王江泾镇购买丝织原料的记载。王江泾镇民众因丝绸之利，皆以织绸为重，十之八九从事丝织，甚至不兴耕绩，连种桑养蚕的农户也不多。明代张瀚的《松窗梦语》记载："余尝总揽市利，大都东南之利，莫大于罗、绮、绢、纻，而三吴为最。即余先世亦以机杼起，而今三吴之以机杼致富者尤众。"又说他的祖先"因罢酤酒业，购机一张，织各色纻帛，备报精工，每一下机，人争鬻之，计获利当五之一，积两旬复增一机，后增至二十余。商贾所货者常满户外，尚不能应，自是家业大饶。后四祖继业，积富至数万金"。他们家放弃了祖传的酒业生意，转而购买织机，纺织纨帛，织的布帛绸缎供不应求，赚了钱后继续购买织机，扩大经营规模，因此富甲一方。明代冯梦龙在《石点头》序言中也讲到王江泾的情况，"北通苏、松、常、镇，南通杭、绍、金、衢、宁、台、温、处，西南即福建、两广，南北往来，无不从此经过。附近镇、村、坊，悉种桑、养蚕、织绸为业，四方商贾，俱至此收货"。明代还设有与少数民族用绢绸换马匹的茶马市场，进一步拓宽了丝绸的交易渠道。到了清嘉道年间，这里已号称"日出万绸"。

菱湖丝绸

　　菱湖，也隶属于浙江省湖州市南浔区，曾为吴兴县委、菱湖区委所在地，古名"秀溪"，又叫"凌波塘"，位于湖州城东南约二十公里处，地理位置优越。因当地盛产菱角，故名"菱湖"。

　　这里古来"商贾繁凑"，当地密布的水道、便利的运输条件，为市镇经济的发展提供了良好的交通基础。明代董斯张的《吴兴备志》记载，每到春季："四方鬻丝者多。廛临溪，四五月间，溪上乡人货，丝船排比而泊，自菱湖前后左右三十里许。"菱湖的蚕丝贸易繁忙热闹。清代温丰在《南浔丝市行》里也做了关于菱湖蚕丝贸易的记载，"蚕事乍毕丝市起，乡农卖丝争赴市。市中人塞不得行，千声万语聒人耳。丝牌高揭丝市廛，沿门挨户相接连"，甚至称其"繁荣富丽压苏杭"。当地农民流行饲蚕种桑，销售获利。

　　菱湖的发展主要依靠渔业和丝绸业，甚至衍生出了专门的桑秧者，即将桑秧作为桑种卖给桑农的人。

除了桑秧买卖，还出现了专门的叶市。顾名思义，就是买卖桑叶的市场。俞塘的《蚕桑述要》记载："嘉湖风俗，以立夏日桑则开剪，叶则开秤，行则开市。卖叶者投行报数，买叶者赴行定价。有囤户，有贩户。南乡贱则买之，北乡贵则卖之，谓之贩鲜。赊甲之叶，卖乙之现价，谓之跳青。卖者望叶贵，买者冀叶贱，皇皇然废寝忘餐。"菱湖镇叶行开设于安澜桥一带，后来在四栅梢头也普遍设有叶市，便利桑农购销，所以这里的养蚕业、种桑业和纺丝业逐渐开始细化分离开来。

比叶市更繁华的当数丝市。菱湖与同属湖州的南浔、双林及嘉兴的濮院，合称中国四大丝市。每个市镇的丝行一般都多达几十家，为了方便运输，大部分就分布在靠近运河码头的塘岸上，所以称作"丝行埭"。每年小满新丝上市时，"四方鬻丝者多。廛临溪，四五月间，溪上乡人货，丝船排比而泊，自菱湖前后左右三十里许"。江宁和苏州、杭州等官方织造，以及山西、福建、广东的商人云集于各镇，生意非常火爆。市镇的丝行在这时也开始出现明显的分工：如供应内府织造的称"京庄"，专做广东商人转销海外生意的称"广庄"，小行收购转卖大行摇经的称"划庄"，直接向农民零星收购转卖的称"乡庄"。清代董蠡舟的《卖蚕丝》云："闾阎填噎驵侩忙，一榜大书丝经行，就中分别京广庄，毕集南粤金陵商。"所说的就是这种情况。原丝买卖商场在溪边，市场规模很大，方圆约三十里，到处停泊着丝船。各地丝商雇船或自行备船来此收购生丝，生丝生产者也有用小船将丝载到菱湖镇上的溪边出售的。清嘉庆时，曾有南京丝商朱奉璋与一葛姓丝商，带着八百两银子，自江宁来菱湖买丝。

丝绸市场里开设着很多丝绸商店。丝行有两类：一称丝行，专门收购乡丝，转销到上海，或者直接售给外国丝商，他们备有专门船只，叫作"丝船"，将丝运往上海；二称钞庄，是小行，将丝从生产者手中收购过来，然后转手卖给大丝行或出售给来此收购的丝商。丝绸买卖中，有一种居间的牙侩，他们虽不具备资金，却能利用蚕农对他们的信任，将乡丝收集起来，由他售给钞庄或丝行获取"微利"，也称"小领头"或"白拉主人"。菱湖镇的丝绸交易不限于白天，还有夜市。孙宗承的《菱湖纪事诗》记载："蚌蠃鱼鳖水中多，夜市灯光定练拖。"蚕丝贸易也不限于陆地，还可以在水上。如《苕纪》记载："菱湖人居舟中列诸货物市之，谓之水市。"

1946 年民族资本家章荣初等创建了国内规模最大的现代化企业——菱湖丝厂。该厂建成之后，便成为我国缫丝行业的领军企业，为国内外同行培养了数以万计的缫丝能手，被业内誉为缫丝"师傅厂"。这个丝厂改变了当地以家庭手工作坊式缫丝为主的局面，形成了机械化、分工协作的缫丝新格局，促进了浙江蚕桑事业的发展。2017 年，菱湖丝厂被工业和信息化部（简称"工信部"）列入第一批国家工业遗产名单。

温州蓝夹缬

夹缬是中国古老的印染方式，即操持雕版夹印纺织品的工艺及其产品。《二仪宝录》记载，夹缬"秦汉间有之，不知为何人造"。因此夹缬大约起源于秦汉。到了唐代，夹缬曾成为流行的印染工艺。唐玄宗曾将其作为国礼馈赠给各国使者。敦煌莫高窟彩塑菩萨所穿着的大多便是夹缬彩装，从现存的文物来看，这些夹缬是由丝织物彩印而成的。唐代诗人白居易曾在他的诗歌

《玩半开花赠皇甫郎中（八年寒食日池东小楼上作）》中说："成都新夹缬，梁汉碎胭脂。"可惜的是，到了元、明时期，这种彩色夹缬逐渐消失，单蓝色成为市场主导，主要流行于浙南地区。

蓝夹缬就是用两块刻有花纹且互相吻合的花版，夹住织物，再放在有靛青色染液的染缸中进行反复夹染，染液通过凹陷部分对花纹进行着色，之后再将织物放在阳光下曝晒。这种技艺包含了织布、制靛、雕版、印染等多个环节，并且每个环节都程序烦琐、工艺精细、要求极高。染出来的织物纹路丰富，造型多样，质地优良。现在，蓝夹缬工艺只留存于浙南地区，以温州为中心，台州、丽水部分地区也还保留有这项技艺。

以前浙南地区的印染业十分繁荣，人们将自家土布拿到染坊，如此同染坊产生交易关系。至今，这项工艺还没有消亡，仍旧有温州人在各个地方经营印花布坊。购买刻好的版子对于染坊来说，开支也不小。浙南有师傅专门雕刻版子以供出售。在当地文化部门及热心人士的帮助下，这项技术得到了很好的恢复和传承。2011 年，浙江省温州市的传统蓝夹缬印染技艺，由国务院批准列入第三批国家级非物质文化遗产名录。

温州瓯绣

瓯绣是浙江省温州一带的传统民间刺绣艺术，历史悠久，"瓯"字来源于温州古名"东瓯国"。

温州的天气，素有"宜雨宜晴天较远，不寒不燠气恒温"的说法，十分适合蚕桑的生产，当地人民自古就有养蚕、织布的传统，为瓯绣工艺的出现与发展创造了有利条件。相传瓯绣始于唐代，由当时的锦衣发展而来。到了宋代，温州丝织业发达。从温州瑞安慧光塔出土的瓯绣织品"素罗地平针绣对鸯团花经袱"可以看出，当时的瓯绣已经实现了双面刺绣，工艺全国领先。

瓯绣针法多变，纹理清晰，无论是刺绣花草鸟兽还是人物神仙都非常传神、鲜明，在刺绣方面是独具一格的。刺绣流程主要分为画稿、临缎、着色、上绷、刺绣等步骤，工艺也随着时间的推移越发成熟。清朝道光末年，温州出现了专门的绣铺，承包官服、旗袍、戏服等的制作与加工，生意十分火热，当地还有"绣衣坊"这样的地名，正是对当时瓯绣繁荣的一种反映。民间有"十一十二娘梳头，十二十三娘教绣"谚语，真实地反映了古时温州姑娘从小学习刺绣的传统，民间也有将绣花罗裙作为青年男女定情礼物的风俗。瓯剧《高机与吴三春》就有唱词"一幅罗裙将兄赠，针针线线表妹心"，说的就是这种情况。

瓯绣种类繁多，有彩色绣、素色绣、仿古绣、仿真绣、水墨绣、双面绣等；功能多样，从宗教装饰到生活用品、艺术收藏，皆可看见它们的踪迹。据说，瓯绣的市场，由一位姓顾的人士，在温州五马街开设麟凤楼而拉开序幕。后来，许多商人进行跨国海外商贸活动，将瓯绣传播出国门，出口至南洋、欧洲地区。由于瓯绣出口生意火爆，温州商圈还创办瓯绣局，工作者多达六百余人。瓯绣从中国走向了世界。

瓯绣与湘绣、苏绣、蜀绣、粤绣等中国四大名绣齐名，它不仅在中国深受欢迎，而且被国家珍藏，甚至作为国礼赠予外交使节。为了保护瓯绣传统工艺，2006年，浙江省将瓯绣列入第一批浙江省非物质文化遗产名录。2008年，国务院将瓯绣列入第二批国家级非物质文化遗产名录。

温州发绣

发绣始于唐代的海陵西溪镇。具体而言，指以人的天然发丝代替丝线作为原料，以针为工具，遵循造型艺术的规律，在绷平整的布帛上施针度线，创造形象的艺术。发绣是头发与绘画、刺绣相互结合制作而成的艺术品，因作品一般为黑色，故而在古代又被称作"墨绣"。温州发绣始于元代，素有"天下一绝"之美誉，流传至今，与杭绣、宁波绣、瓯绣、台绣合称浙江省五大刺绣，是中国二十四个地域绣种之一。

温州发绣创作时按"应物施针、法随心意"理念用针，巧用针脚的疏密变换、叠加复层来塑造形象，与传统丝线绣的密针排线封底密透很不相同。因发绣绣面理路清晰，质感独特，用色雅致，变化微妙，加上所用的材料为人类的头发，不能大规模生产，因此所织产品往往精致细腻，具有高贵典雅的艺术气质、特别的审美价值、文化研究价值和国际传播价值。温州发绣曾作为国礼赠送给外国元首，在国际交往中发挥了独特的文化作用，所以有"发绣外交"一说。

如今，温州大学成立了发绣研究所，专门研究传承、发展温州的发绣技术，生产的产品与高端市场接轨，做工精良，价格不菲，温州发绣已成为国家级非物质文化遗产之一。

宁波金银彩绣

宁波金银彩绣，又名"金银绣"或"仿古彩"，是用金银丝线和其他各色丝线在丝绸制品上绣出各种图案的绣品。宁波金银彩绣坊主要分布在鄞州区，除此之外，周边地区也有部分涉及此行业。这里之所以会诞生金银彩绣，和宁波地区自古以来"家家织席，户户刺绣"，民众刺绣技术娴熟是分不开的。宁波金银彩绣在种类上包括钉金绣和压金彩绣；在针法上包含几十种针法；在原料上，采用各种颜色的真丝织，再以金线银线作为素材围刺在刺绣图案旁边；在技法上，以"盘金填银"为主，充分运用材料的特性和工艺技巧，增强图形的质感与空间感；在艺术上，表现出富丽堂皇又不失古典优雅的艺术效果；在视觉上，追求金线、银线与彩线的有机结合，构成粗中有细、点面结合、板而不结、针法巧施的特色。

《北史·何稠传》中就有关于宁波金银彩绣的描述："波斯尝献金线锦袍，组织殊丽，上命稠为之，稠锦既成，逾所献者。"何稠所做的锦袍，用的材质应当就是宁波的金银彩绣。唐宋时期，佛教的传播促进了宁波的金银彩绣的进一步发展，佛教用品常用金银的颜色表现庄严肃穆，因此带动了金银彩绣的发展。加上古代海上航线的明州港就是宁波，此地"自周以来已为海道运输之要口"，从唐代就开始向海外运输金银彩绣品，产生了良好的经济效益。宁波金银彩绣不仅可以用在佛教用品上，而且在日常生活中，常用来制作节庆礼服。除此之外，宁波金银彩绣还可用来制作戏服和美术工艺品，官府和民间喜庆服饰、宗教用品、室内陈设等也多有采用，因此产生了巨大的经济效益。而且这种金银彩绣不仅讨国人喜欢，还备受外国商人的青睐。近代以来，宁波的刺绣店铺达三四十家，开始大规模地制作与销售金银彩绣。

2011年，宁波金银彩绣经国务院批准被列入第三批国家级非物质文化遗产名录。2018年，宁波金银彩绣入选第一批国家传统工艺振兴目录。

桐乡蓝印花布

　　桐乡位于浙江北部，属于嘉兴辖下的县级市。这里地势平坦、河网密布，亚热带季风气候使该地四季分明，温暖湿润。桐乡属于典型的江南水乡，农业资源丰富，为植物的生长提供了温床。这里染色植物取之不尽、用之不竭。蓝印花布印染技艺就发源于此处。蓝印花布在古代称作"灰缬"，是以蓝草为染料，漏浆到刻纸做的花版上，使蓝布上的白花或白布上的蓝花标准化定型，这样被蓝靛浸染而成的蓝底白花或白底蓝花的纺织品就是蓝印花布。

　　蓝印花布历史久远，先秦民众便已使用蓝印技术。《礼记·月令》中就有仲夏之月禁止蓝印染布的记载："令民毋艾蓝以染，毋烧灰，毋暴布。"到了汉晋时期，蓝印技术已经包含多个步骤，先是用石灰、豆粉合成灰浆烤蓝，再经过全手工纺织、刻板、刮浆等多道工序，才完成蓝印花布的工艺。据说这样加工出来的靛蓝色泽靓丽而不妖媚。唐朝的灰浆碱为印花工艺奠定了基础。到了南宋时期，江南地区已经广泛种植蓝草，纺织印染技术也在不断发展，桐乡当时已经出现了比较有规模的蓝印花布。余美莲的《桐乡民间蓝印》记载，桐乡已经"织机遍地，染坊连街，河上布船如织"。

　　明清时期，桐乡每个镇上几乎都有布坊和染坊。到了民国初年，乌镇、石门、崇福等地，蓝印花布印染作坊便多达数十家，其中尤以丰子恺先生祖先开设的丰同裕染坊为最早。丰子恺曾在《我的母亲》一文中回忆当时的盛况："墙外面便是我们的染坊店。母亲坐在椅子里向外望，可以看见杂沓往来的顾客，听到沸反盈天的市井声，很不清静。"可惜，这个热闹的染坊在 1937 年被日军炮火摧毁，当地其他蓝印布染坊也跟着一起消失在战争的岁月里。

　　作坊虽毁，幸而有不少匠人在战火中存活了下来，所以这项技术才不至失传。2003 年，桐乡市丰同裕蓝印布艺有限公司请来原丰同裕染坊的老匠人沈桂林教习印染，让这一项古老的技艺重绽光芒。如今，经过市场的冲刷筛选，萱草宜男、麒麟仁义等蓝印花布的图案都成为大众喜闻乐见的经典，经典被不断创新，在日常生活的服饰、箱包、文具上重新大放异彩。桐乡人民不仅在花纹上创新，在销售模式上也推陈出新，他们紧跟时代，通过"互联网 + 蓝印花布"的营销模式，创办淘宝店，开发微商平台，经营公众号，全方位展示桐乡蓝印花布艺术，宣传桐乡传统染坊文化，积极利用互联网优势扩大桐乡蓝印花布的宣传与营销。

　　2005 年，桐乡蓝印花布入选浙江省首批非物质文化遗产名录。

绍兴越绣

　　越州地区自古气候温和，受季风影响，湿润多雨，加上盆地内含、平原集中的地理风貌，特别适宜蚕桑的养殖和种植。越绣主要是指古代越州地域的刺绣，越州包括今天的绍兴、上虞、诸暨、嵊州、余姚等地区。越绣种类丰富多彩，形式也比较多样。追寻越绣的历史，可以溯古至战国时代，两千多年前的越国人就已经拥有娴熟的耕织技术。《史记·越王勾践世家》记载，勾践"省赋敛，劝农桑""身自耕作，夫人自织"。《越绝书》中云："使越女织治葛布，献于吴王夫差。"虽未说明这种葛布的具体样式，但是能获得吴王青睐的，大约少不了在布上增加刺绣，这种刺绣就是越州刺绣。到了唐代，越州会稽因繁华而闻名于世。而建构起这种繁华的，也包括越州丝绸与刺绣。越州成为当时蚕丝生产、丝绸刺绣最发达的地区。南宋绍兴府设有"丝织街""染坊弄"等，产生了巨大的经济效益。

越绣因独特的越州风情和精美绝伦的绣工艺术而闻名。具体而言，越绣绣品针脚细密、色彩淡雅与浓郁并重；造型五花八门，千姿百态，既有越地妇女对世代原始、传统手工技能的承袭，又有个人技能和智慧的体现；纹样选材上，植物以牡丹、茶花、兰花、鸡冠花、梅花为多，动物以蝴蝶、蜜蜂、喜鹊、孔雀、凤凰为主。在传统刺绣的基础上，还发展出象征吉祥的"凤穿牡丹""百子图""百鸟朝凤""喜鹊登梅"等，以及象征爱情的"蝴蝶双飞""并蒂莲""西厢记"等图案。

近代上虞地区的丝绸业资产与商业资本相结合，既有丝绸机坊，又有绸庄、丝行商店。刺花、绣衣，又称"绷花"，多以民间手艺为主。20世纪70年代末，绍兴、上虞二地，曾经以农村妇女为主，掀起千针万绣的挑花边、拼花布的绣花手工业，以挑花换取出口创汇是当时的显著成就。这种成就也展现出越绣在当代的商业价值。

杭州杭绣

杭绣又称宫廷绣、宋绣、古绣，与苏绣、粤绣、湘绣、蜀绣四大绣并称中国刺绣。

杭州自古就是"丝绸之府"，丝织业的繁荣，促进了刺绣工艺的发展。中国历史上第一把绣花专用的弯头剪刀就出自杭州，杭州刺绣工艺的发达由此可见一斑。据记载，南宋高宗迁都杭州之后，为当地带去了大量的画师绣工。朝廷在杭州设立"文绣院"这样专门的织造机构，负责专绣皇亲宫苑中日常所需的各种服饰绣，监制宫廷服饰。这些朝廷的绣师和在临安城征集的绣匠、画师，当时已经超过三百名。他们除了专门绣制皇室服饰，还绣制祭祀用品和乘舆用品等。今天英国伦敦的大英博物馆中，还收藏有宋高宗后宫的刘安妃的绣像。从这幅绣像展现的技术水平来看，当时的刺绣已经达到非常精妙的水准。明人张应文的《清秘藏》记载："宋人之绣，针线细密，用绒止一二丝，用针如发，细者为之，设色精妙，光彩射目。"精湛的技艺和成熟的商贸体系，推动了杭州刺绣行业的发展。当时的官营、民营绣坊星罗棋布，绣品传播较广，甚至远销海外。这样的氛围延续到明清时期，经久不衰。在宫廷绣师的影响下，杭州刺绣无论是纹样还是针法都具有区别于普通民间刺绣的浓郁奢华气质。

加上杭州宗教事业极为发达，城中庙、寺、观、庵数不胜数，灵隐寺、净慈寺等宝刹名寺更是举世闻名。浓郁的宗教色彩下，宗教刺绣也应运而生。现藏于上海博物馆的元代绣品《妙法莲华经》就是杭州信女李德廉、姚德贞在公元 1355 至公元 1361 年完成的作品。

杭绣品种多样，其中以包金绣、盘金绣、彩线绣最为著名。民国初年，杭州专门从事刺绣商业的人超过二百，三元坊、弼教坊、天水街、后市街等都是当时有名的刺绣商业区，加起来共有绣坊十余处。其中，张允升百货店更是一个有着二百多年历史的著名绣店，这家店以向杭州周边地区采购品质优异的蚕丝制作丝线和帽子而著称，尤以红头绳以及串物用的串绳最为著名，产品还出口至马来西亚、泰国和缅甸等地。周边安吉、泗安、湖州等地的杂货店店主也纷纷来此采购。

与其他刺绣不同的是，杭绣具有只收男工不收女工、只传媳妇不传女儿的风俗，因此杭绣不仅有出自闺阁之内的女性工匠，也有腰圆膀阔的男性艺人。这种风俗一直传袭到民国，成为杭绣一大特点。

新中国成立以后，政府极为重视杭绣技术，为了培养传承人，还专门成立了杭州市工艺美术学校，并专设刺绣班。与此同时，杭绣被列入第一批杭州市及第三批浙江省非物质文化遗产名录。

台州台绣

台绣即台州刺绣，又称"雕平绣"。台绣历史悠久，唐代就已有相关记载。仙居花灯通过透光留影和针刺的工艺，达到图案浑然天成、质朴和谐的效果，其中针刺所用的就是台州刺绣工艺。北宋时，台绣的技术已经炉火纯青，黄岩灵石寺出土的五代刺绣残片，就已经可以看出绣工能熟练运用色绣、绕绣等工艺技术。但让台绣在"中国刺绣"中独树一帜的不是它的悠久历史，而是其融合中外的技术。

清光绪年间，浙江海门的天主教修女会向教徒传授国外的绣花技艺，当时的天主教堂将绣花作为维持教堂运营的手段。这种外来刺绣技术与台州传统刺绣工艺碰撞，台绣传承中国原有的刺绣技法，融合天主教的抽丝技术并进行创新，针法在原有的基础上发展到抽、拉、镶、雕、贴等二百多种。台绣形成了融汇古今中外刺绣技术的特殊工艺。

近代，受教堂的聘请，宁波商人李明德派人把雕绣技术传授给当地一批会做鞋花的妇女，而后用白洋布做成雕绣长裙、夜衣和台布等产品，运往海外进行销售。这时，西方雕绣技艺正式由教堂内部发展到民间。后因对外贸易的日渐繁荣，台州刺绣也在百年的发展、融合与创新历程中，形成了鲜明的"雕平绣"风格。

作为民间绣种，台州刺绣风格鲜明，大部分被应用于生活必需品中。近代民间绣花业不断蓬勃发展，绣花企业和从业人员数量创造了历史新高。但是绚烂之极的绣花业务不久便趋于平淡。经济贸易的颓靡、绣厂倒闭等，导致台绣的市场空间迅速萎缩。刺绣本身就在于起缀饰作用，一直以来，从业人员都需要在刺绣的基础上来拓展设计空间。台绣企业一直主营外贸业务，因而，出口绣衣的款式和刺绣花色基本都是由外商来决定的。20 世纪八九十年代，台州的绣衣企业似乎成为外贸公司的代工厂。如今，有些企业和设计师意识到了这个问题，开始反思台绣的创作与呈现，为此建立了多层次的市场营销策略，逐渐拓展台绣的消费者群体。

湖商与丝绸

湖商之名源于古代"湖州商人""湖州丝商"，也是近代"湖州商帮"的简称。有别于徽商、晋商等其他商帮行走往来和长期离家，湖商具有明显的地域特征和土商现象。他们大多为坐商，而且经营的货品以当地特有物产为主。湖州乃平江、嘉兴诸州水陆要冲之地，商人们习惯于聚集在这样拥有天然地理环境优势的交通要津。民国《双林镇志》记载，湖州双林古镇在宋元时

"响铃、普光两桥前后皆市"，而且普光桥东更有绢庄十座。新修的《长兴县志》引《马可·波罗行纪》说，长兴的居民气质文雅，平时都衣着绫罗绸缎，经营着工商业。元人刘沂的《重修溪光亭记》则说郡城湖州的丝绸市场"商贾辐辏""舟艎鳞集，昼夜不绝"。

"湖商"传统源远流长，至晚可追溯到宋代。当时湖州蚕桑已经逐渐专业化，民众在普通农耕之外，发展出专门的蚕桑养殖、纺织和丝绸经营事业。宋人洪迈在《夷坚丙志·朱氏蚕异》中记载："湖州村落朱家顿民朱佛大者，递年以蚕桑为业，常日事佛甚谨，故以得名。"南宋《嘉泰吴兴志》中也说："本郡山乡以蚕桑为岁计，富家育蚕有至数百箔，兼工机织。"宋代湖商的蚕桑事业可见一斑。然而，当时湖州的蚕桑业虽然发达，湖州人的真实情况却并没有马可·波罗所说的那般人人衣着绫罗绸缎。《嘉泰吴兴志》中还有关于当时情景的真实记载："湖丝虽遍天下，而湖民身无一缕，可慨！"可以想见南宋时湖丝、湖绸除了上供外，剩余部分应该被投入了商品市场，大部分民众并没有身着丝绸服装。在洪迈的《夷坚志》中还有"湖州人陈小八以商贩缣帛至温峤"的记载，又说"吴兴士子六人入京师（临安）赴省试，共买纱一百匹，一仆负之"，连去参加科举考试，都带上了丝绸。一方面说明当时湖州丝绸贩卖盛行，连读书人进京赶考，都带上了丝绸，另一方面也反映了湖丝作为商品，深受顾客喜欢。

明清湖商延续宋代的传统，湖州的商业进一步繁荣。明人徐献忠的《吴兴掌故集》记载："吴兴介在苏、杭之间，水陆饶沃之产，实过两郡。"清末、民国时期，随着商品经济的发展，湖州的商人改变了传统的坐商风格，开始成群结队往来于上海滩和苏杭之间，活跃于各个市场实体之中，成为中国商业史上有特色的一支商旅，与宁波的甬商共同构成了近现代浙商的滥觞。

湖州丝绸商

湖州丝绸商主要包括两种，即丝商和绸商。湖绸是同湖丝一起发展起来的。宋时，湖州的蚕桑丝绸技术逐渐专业化，部分丝绸也已经商品化。明隆庆、万历之后，湖州丝绸成为闻名海内外的产品，南浔、菱湖、双林都名列全国五大丝市。

在一众湖丝坐商中，一些湖丝贩运商与旅外丝商脱颖而出。清道光二十二年（1842）五口通商前，一些私商为了走私湖丝以牟取利润，甚至不惜冒险辗转海路。他们以此起家，积累过万资本。如南浔"八牛"之一的张佩绅的祖辈，与梅家梅鸿吉曾驾"漂洋船"载丝至广州，直接卖与外商出口；双林丝商蔡兴源、陈义昌走私湖丝至香港。清末上海开埠后，湖州的丝商们纷纷将生意做到上海，如双林的姚天顺、俞源元、施福隆、丁震源、陈三益、凌成记等，先后往来贩运。南浔丝商们，先前将丝运到广东，后来又将丝运至上海，他们在销售丝绸的过程中，与洋商进行交流。为了解决双方语言差异的问题，当地又诞生了一批精通外语，能与外商直接沟通的翻译者，时人称之为通事，洋行服务者则谓之买办。湖州不少人，便借着精通外语，往来推动中外商贸而起家。还出现了"四象、八牛、七十二狗"的称呼。清人沈维的《竹枝词》云："郎去金陵奴在家，金陵风气最豪华，卖却丝归多倍利，为侬带个大红纱。"这里的"郎"其实就是当时的买办。湖州丝商的情形与此类似。

湖州绸商所贩卖的大都是湖州本地所产的丝织品，比如绢、纱、绉类及丝线、丝绵等。随着湖绉、绫绢、绵绸及丝绵等名牌产品的兴起与发展，郡城湖州与诸大镇也形成较为成熟的丝绸市场。明代成化《湖州府志》记载，湖丝"属县俱有，惟出菱湖、洛舍第一"。明嘉靖进士陈全之在《蓬窗日录·寰宇一》中甚至评论道："湖丝冠绝海内，归安为最，次德清，其次嘉之桐乡、崇德、杭之仁和，此外取之四川保宁（今阆中），而山东、河南又次之。"将湖丝排于全国之最的高位。

明代双林镇已出现专营绢纱的绢巷，清代有大小绢庄二十余家。尤其是前邱村所产的丝绸，光泽更胜其他地区所产，绸缎细光莹白，在菱湖绸市中往往遭到哄抢。因此而形成的"绵绸巷"，也号称"菱湖最闹之区"。

湖州郡城所产湖绉"通行甚广"。清乾隆时，湖州已与杭州、苏州、盛泽并称我国"四大绸市"。所出四十四种绸缎产品中湖绉类占三十四种，行销国内各地，也远销新加坡、马来西亚等东南亚国家。湖州城内绉庄聚成"旧庄街""新庄街""新庄弄"等绉业市场。这一时期，湖州亦不乏旅外绸商。清代，湖州郡城及四乡绉庄都在杭州等城市设立分庄。而将分庄设在上海、苏州等地的，销路较之杭州城内的更为广泛，一年就可销售价值约十万两银的湖绉。

丝绸客商

丝绸客商，指从一地贩运丝绸到另一地进行批发或销售的商人，他们对促进市镇经济的发展，具有重大意义。所谓"丝市之利，胥仰给贾客腰缠"，说的就是客商的重要性。浙江是蚕桑丝织业大省，浙北湖州、嘉兴、杭州、绍兴等地区尤其发达，每年新丝上市，全国各地的大商巨贾，如广商、闽商、徽商、金陵商、山陕商等纷纷来到浙江各镇和府城收购丝绸。这些客商对浙江的丝绸经济具有重要作用，他们不仅将浙江的丝绸带往全国各地，而且给浙江本地的蚕桑农户与坐商带来了极大的收益。唐甄在《教蚕》中写道："吴丝衣天下，聚于双林，吴越闽番至于海岛，皆来市焉。五月载银而至，委积如瓦砾，吴南诸乡，岁有百十万之益。"说的就是农历五月蚕桑收获之季，外来客商汇聚在湖州市南浔区双林镇的盛景。每年此时，在湖州南浔镇、菱湖镇上，也聚集了南粤与金陵客商。在青镇则有"山东商人至镇贸丝者"。这些客商往往资金丰厚，财大气粗，"责银来者动以千万计"，如"金陵商人挟万金来新市贸丝"。客商来浙江各个城镇贩丝久了，有的就在当地建立丝行、绢行、绸行或绸庄，就地收购丝和丝织品，而后再转贩各地。有的客商还产销结合，如嘉道年间，泾县人在双林镇开设作坊，专制绫绢，行销江宁、徽宁等处，生意极为兴隆。

丝行牙商

牙商，指中国古代商业活动中为买卖双方说合交易，并从中抽取佣金的居间商人。他们大多为本地商人，一般不直接参与生产或贩卖，而是代客买卖。牙商因为依附于来往的客商，所以说"丝市之利，胥仰给贾客腰缠，乃大驵小侩，递润其腹，而后得抵乡民之手"，这里的"驵""侩"，就是指中间人牙商。汉朝时，将为牲畜买卖双方说合的牙商称"驵侩"，这个说法沿袭下来，后来泛指经纪人、市侩，也叫牙商。根据自己经营的商品范围和依附客商所需之商品的不同，牙商们开设不同名称的牙行。这些牙行或依商品命名，如专买乡丝者曰"乡丝行"，买经造经者曰"经行";或按地区命名,专门接待广东商人的称"广行",载往上海与外国商家交易的称"客行",专门招接苏杭两地织造商来镇收丝的叫"京行"或"京庄"。在濮院镇上有"京行""建行""济宁行""湖广行"和"周村行"等,专门为这些地方的客商提供他们需要的货品。

汪日桢的《湖蚕述·卖丝》记载:"列肆购丝,谓之丝行……专卖乡丝者,曰乡丝行;买经、造经者,曰经行。别有小行,买之以饷大行,曰划庄;更有招乡丝代为之售,稍抽微利,曰小领头,俗呼曰拉主人。"

不同的牙行依赖于不同的客商,客商往往住在牙行主人家里坐等,预买款、贷款等都要转交给牙行。浙江因丝农居住分散,外地远道而来的客商往往找不到货源,而熟悉当地农民情况的牙商正好可以弥补这一不足,所以丝绸业尤其依赖牙商。当时农民所产的丝或绸均须经牙行买卖。

牙商为商品交换的中间介绍人,他的利益来源于差价。有的牙商对小生产者狡狯百出,如故意少报丝的重量,刻意压低丝的价格等。丝绸行业中,牙商现象十分普遍。由于垄断当地的丝织品贸易,丝行牙商特别容易致富。史载商贾之家"唯丝业牙行,聚四方商旅,饶富立致"。

明代,浙江的丝行已经比较发达。清代康熙年间,湖州境内丝行兴起,江南的江宁(今南京)、苏州、杭州三大织造局每年派胥吏来南浔、双林、新市等镇的丝行采办湖丝。清道光二十二年(1842)五口通商后,湖丝出口增多,丝行中始有洋庄、本庄之别。洋庄代洋行收丝,内设经理、账房、管栈、招待、通事(翻译)、司务、学生等职。每年营业额多的高达百万元,少的也有二三十万元。

光绪《菱湖镇志》记载，当时载往上海与夷商贸易者倍他处，而由来已久。同治、光绪之际，菱湖的产丝量居全省诸镇之首。丝市繁荣，东、南、西三栅都设有丝行。光绪年间，镇上大小丝行、丝庄有二十余家，著名的有陆亨荣、唐广丰、杨万丰、陆鼎茂、钱宏顺、庞亨荣、聚和、大集成、吉泰等九家规模化的丝行，从业者多达一百八十多人。其中杨万丰的"银双档"、唐广丰的"金麒麟"最有信誉，蜚声海内外。丝业兴旺时，镇上每年生丝销量近万包，每包重八十斤，一万包就是八十万斤，所以菱湖镇的丝产量是郡中最高的。由于丝行利益可观，从业者人数众多，为防止丝行产业经营混乱，政府加强了相关管理，当时丝行的开设，要经过官方的认定，领取牙帖方可开业。

浙江茶马互市与丝绸

茶马互市，或称茶马贸易，原是中国历史上西部地区汉藏民族间一种传统的以官茶换取少数民族马匹的政策和贸易制度，也是内地与边疆地区进行商业贸易活动的主要形式。自宋以来，以茶市马的马匹市买模式基本成形。随着时间推移，双方交换的物品内容逐渐丰富起来，除了茶和马以外，还出现了粮食、布帛、书籍、医药等的交换活动。而茶马运输形成的固定通道被称为"茶马道"或者"贡马道"。

浙江的茶马古道，除了以"茶"为主要交换物品外，丝绸也是常见货品。之所以如此，是因为在中国历史上很长一段时间内，丝绸不仅是一种丝织品，可以用来买卖交换，而且因携带方便具有类似货币的重要作用。魏晋南北朝时期，丝绸与布匹不仅是户调制度明确规定的征收物品，而且多有以丝或绢帛购买牲畜、物品的记载。《三国志·魏书二十七》记载："毈，乐安博昌人……又与人共买生口，各雇八匹。后生口家来赎，时价直六十匹。共买者欲随时价取赎，毈自取本价八匹。"这里的生口指奴隶，而当钱使用，用来赎买奴隶的"八匹""六十匹"就是计价的缣帛。浙江丝绸进入茶马古道交易体系，不仅是作为一种商品，有些时候还是代替货币的商品交换媒介。

　　明清时期，浙江丝绸在国内流通与贸易的形式主要有两种，即互市丝绸贸易和民间丝绸贸易。明代互市贸易规模完全由朝廷规定，并不能随着贸易发展而随意变动。茶马互市的浙江丝绸中，因湖丝质量最佳，数量最多，所以销售范围也最广。此外，杭州、嘉兴、绍兴等地丝绸商人也进出频繁，互市的地点遍及全国。清代乾隆年间，浙江的生丝交易十分兴隆，五口通商以后，新疆地区少数民族对服饰的精美度要求较高，丝织品需求旺盛，他们的丝绸大部分来自浙江的互市交易。

浙江绸庄

　　唐代，随着丝路贸易的发展，浙江已出现绸缎商行。南宋建炎三年（1129）迁都临安（今杭州）后，临安成为全国丝绸生产和贸易的中心。到了明代，杭州丝绸贸易仍旧十分兴旺，市区经营丝绸的商店分布面广，清河坊、官巷口一带，有不少经营绸缎的商号。塘栖、临平也出现一些丝绸业繁荣的市镇。

　　清代后期，杭城开始出现绸庄组织。浙江的丝织业、商业资本的流动主要在固定的区域进行。从广义上说，绸庄大致包括三类：纱缎庄、绸庄和绵缎店。纱缎庄也叫绸缎庄，多独资经营，一般通过向机户放款或放料代织来获得货源，再把货源包装批发出去。也有些规模较大的绸缎庄，既有店铺，又有机坊，但数量并不多。狭义的绸庄，因其资本雄厚，通过向纱缎庄和机户购买成品，进行零售，一般为二级分销商。这些绸庄多数合资经营，而且经营品种除本地丝绸产品外，还经营进口的"洋绸"。而一些小机户则用"绸庄"提供的原料，制成成品交由"绸庄"销售，以获得加工报酬。这种加工形式下，原来的商业资本其实就成了工业资本。绵缎店则大多资金不多，一般经营省产的绵绸、丝绵、裱绫、宋锦、画绢等丝织品。上述三者由于并没有明显的界限，所以也可以统称为绸庄。我们这里说的"绸庄"就是这种统称。

　　杭州近代意义上的绸庄出现于清朝后期。道光年间，徐茂顺创立的"瑞云公记绸庄"是比较早的一家。光绪二十六年（1900），其子徐吉生与人合资创办"吉祥恒绸庄"，到了1912年，又独资开办杭州"庆成绸庄"。绸庄成立后不久，又购置了一百二十台手拉织机，并将绸庄改名为"庆成绸厂"。此后徐家的生意越做越大，到了1915年，徐吉生投资一万银圆，直接在绍兴安昌创办"吉生布厂"，不仅生产丝绸，也产布匹，光厂房就有二十间，手拉织绸机更是多达二百三十台，并且配套织染，吉生布厂成为年产棉布三万匹左右的大型工厂。生产的布匹和绸缎，行销浙江、江苏、安徽、江西等地。

　　到了近代，浙江各地的成功商人不断涌现，商业资本组织因此增加。到20世纪初，仅杭州一地，大规模的"绸庄"就有七十多家；湖州的"绉庄"也有十余家。这些绸庄的主人往往在每年新丝上市，丝价便宜时，低价买进大量生丝，提前囤积，到了秋季再以高价卖给小机户，一买一卖之间实现牟利；如果是提供原料的资本垫付形式，则会在给机户支付加工费时，以各种理由进行盘剥。通过这样的方式，一些绸庄迅速积累起巨额财富。比如蒋广昌绸庄，放料加工的丝绸产品，每匹利润居然高达五至十元，这样的利润率，在当年简直是丝绸商业贸易的天花板。庄主蒋海筹本人也由此发大财，人称"百万富翁"。

专业丝绸市镇（上）

浙江丝绸生产和销售范围越来越广，省内出现了许多专业的丝绸市镇。其中最为有名的当数菱湖、双林、石门、王江泾、临平、南浔和濮院。

菱湖镇，距湖州府城南偏东三十六里。菱湖古名秀溪，又叫凌波塘，是"苏杭往来要津"。镇内水资源充足，水道交通十分便利。湖州是江南产丝最多的一府，菱湖镇便也成为丝绸手工业生产与销售的专业市镇。《吴兴备志》卷三十一记载："隆庆时，归安（今湖州）菱湖市廛家，主四方鬻丝者多。廛临溪，四五月间，溪上乡人货，丝船排比而泊。"宋雷的《西吴里语》卷四也说："菱湖多出蚕丝，贸易者倍他处。"这里的丝类产品不仅数量多，品种也十分齐全，具体而言可分为：丝、绵（头蚕同功蚕绵为上，蛾口蚕绵次之，俗又称"绵兜"）、蚕黄（蚕外毛衣，可絮被）、丝吐头（缫丝时所弃散乱无绪者，然亦可撚丝绵）、滞头（以软茧为之）、棉线、合罗丝、串五丝、经纬丝等。

双林镇，向来以生产绞绢和包头纱出名。元朝时，双林镇已有绢庄十所。明初双林镇居民总共仅有几百户，但隆庆之后，机杼之家鳞次栉比，巧变百出。随着丝织业的发达，渐渐地这里也变得客商云集。乾隆《湖州府志》记载："客商云集贸贩，里人贾鬻他方，四时往来不绝。"与此同时，明隆庆、万历后，双林镇绫绢生产日益繁盛。商业的繁荣，带来人口的剧增，清初时这里已成为拥有两万人口的大镇了。当地居民也不再以种桑养蚕为主，甚至出现"居镇者无蚕桑""镇上居民业打线者甚众"的情形。住地近镇的乡民，"沿双溪左右袤数十里，俗皆织绢"，当地男子或从事绞线，必常出市卖丝卖绢，以至"田功半荒"。纺织业的发达，带来巨大的经济效益，并因此引出了连锁商业反应。打线织绢，带动了印染业。当时双林镇有四处染坊，专门给包头绢染色。此外，双林镇不但是绞绢的生产中心和销售中心，而且是著名丝市。每逢新丝上市时，闽、广大贾都会跑到双林镇投行收买，不论头蚕丝市或二蚕丝市，均称大市，"日出万金"的情况也屡见不鲜。新丝落市后，也陆续有买卖进行，一直持续到与次年的新丝相接，因此坊间有"买不尽湖丝"的说法。

石门镇，位于大运河边上，是南北往来的交通要道。当地蚕桑丝织业也十分兴盛。《石门县志》记载："即使时和年丰，地所产，莫如丝谷"，但"丝谷相较，莫如丝。"当地的乡民很早就明白销售蚕丝获利要远远高于普通的庄稼种植。万历时，王稚登在《客越志》说："石门地饶桑田，蚕丝成市，四方大贾，岁以五月来贸丝，积金如丘山。"这段话一方面可见当时石门镇商贸之盛，另一方面，也是当地惊人的蚕丝供应量才能撑得起这样堆积如山的钱货交易额。

王江泾镇，隶属于浙江省嘉兴市秀洲区，宋时为闻川市，地处运河交通要道上。此地北通苏、常，南接杭、温，四通八达，南北往来行商之人无不经此，实为南北交通咽喉之地。明万历时，镇上的居民多达七千户，民众多以织绸编丝为利，不以农耕为务。邻近王江泾镇的村庄，也同样以桑蚕业为主。宣统《闻川志稿》卷一《地理志·沿革》记载，附近村庄"同样是烟火万家。都种桑养蚕，织绸为业。四方商贾，俱居此收货"。乾嘉以后，王江泾成为一个以生产和销售丝绸为主的市镇，近镇乡里皆养蚕织绸，四方商贾俱来此收购。故《客越志》有"王江泾，千家巨市，地产吴绫"的记载。

专业丝绸市镇（下）

临平镇，今临平区临平街道，地处杭州市东北部。北宋端拱元年（988），建临平镇，此地以出产丝绸为主。雍正时，当地的绸机已经有二三百张，每一张机，每日出绸一匹，因此当时临平就日产丝绸二三百匹。产出的丝绸，行销各地。同时，该镇又是蚕丝贸易中心，《临平记补遗》卷三引《成化杭州府志》云："海宁、仁和、上塘蚕丝于临平市贸易最多。"

南浔，位于湖州市南浔区，地处江浙两省交界地带。南宋理宗嘉熙元年时，该地还只是一村落，却已以蚕桑闻名。《浔溪纪事诗》下《李心传报国寺碑记》记载，此地当时已经"耕桑之富，甲于浙右"，成为"行商坐贾所萃"的著名丝市。至理宗淳祐十二年（1252），始立为镇。到了明嘉靖、隆庆后，丝业日趋繁盛，客商云集，成为江南蚕丝名镇。清时，丝市更盛。镇南栅的丝行埭，更为全镇丝行的集中所在。每年新丝上市之时，这里人山人海，道路拥堵，热闹非凡，南粤、金陵等外地的客商，也纷纷聚集于此。广庄和京庄大丝行，尤其客商云集，各色蚕丝成了炙手可热的商品。随着蚕丝贸易的兴旺，南浔变得越来越繁荣。乾隆时，南浔镇人口已逾万户。咸丰《南浔镇志》卷二十八《碑刻》云，到了道光年间，南浔已经是"环镇五、六里，灶烟数万家"的"江浙之雄镇"了，也是全国闻名的专业丝市。五口通商后，这里更是商旅云集。《南浔镇志》卷二十四《物产》云："每当新丝告成，商贾辐辏，而苏、杭两织造皆至此焉。"南浔已成为名副其实的湖丝出口中心和集散地。近现代不少浙江籍巨富商贾就是从南浔镇上做蚕丝贸易起家的。

濮院镇，隶属于浙江省嘉兴市桐乡，地处长江三角洲腹地。这里古时是杭嘉湖平原上的一个小村庄，平衍千里，原名为"李墟"，这里曾有一个原始的草市，所以也称"北草荡"。后来因京杭大运河从此地穿境而过，李墟水面幽静，梅树成林，所以又被称作"幽湖"或"梅泾"。唐时，这里开始设乡。南宋淳、景以后，濮院开始出现织布纺绸的情景。元至大年间，当地丝织行业更为发达，濮院逐渐发展成小镇。到了明朝万历年间，当地丝户已经纷纷将土机改为纱绸。据杨树本的《濮院琐志》，当时"机杼渐盛，濮院绸遂行，而街衢日扩，又夜航载货"，而之所以出现这种场景，是因为"良由丝绸所聚，非是无由利涉耳"。杨氏所言不虚，濮院之所以商户聚集，客商蜂至，原因就在于这里每日锦帛出产量多达千匹。到了康熙时，濮院丝织业到达鼎盛时期。全镇百姓，几乎家家以丝绸为恒业，这里不仅织机多，而且汇集了络丝、织工、挽工、牵经、刷边、运经、扎扣、接头，以及接手、修绸和看庄等各色技术人员，当然也包括丝绸牙行、谏坊和其他一切与丝绸贸易有关之人。《濮院琐志》卷一云："他邑之织多散处，濮院之织聚一镇。"这大概就是濮院与其他蚕桑丝绸产区的差别所在。相比其他区域的单一化丝帛，濮院则基本实现了从蚕桑到丝绸乃至成品的一条龙服务。

浙江海上丝绸之路

浙江的商贸交易开始得非常早。文献记载，西周时期，浙江人就已经与东边的日本和南边的越裳（此为古地名，具体指何方，目前尚无定论）有了海上贸易往来。

秦汉时期，会稽（今绍兴）、句章（今宁波）、东瓯（今温州）等地靠海的港口，开始向外国输出丝绸、瓷器、铜镜等物品，同时也从国外输入水晶、玛瑙等中国原本没有的物品。

到了魏晋南北朝时期，浙江往东南各国的航线不断增加，丝织品销往日本和东南亚国家变得更加频繁。唐代中期，明州港的航路已经北通辽宁安东，南至海南岛，东至高丽、日本，海外贸易范围的不断扩大，推动了沿海港口城市的丝绸制品和其他中国特色商品的外销，同时，随着海外贸易的发展，浙江的造船业也迅速达到全国领先的水平。

晚唐时期，海外贸易十分兴盛，明州（今宁波）依托港口优势，在进出口商品贸易上占得先机，生意兴隆，与扬州、广州并称为当时中国的三大对外贸易港口。

两宋时，山东半岛的港口一度完全被辽金势力占据，明州就成为东海航线中最重要的海港。因此，当时虽无官方文件，但浙江商旅除了与朝鲜、日本有频繁的贸易往来外，从明州出发的商船还同泉州、广州的商船一起，通航于南海航线，跟占城（今越南）、真里富（今柬埔寨）、暹罗（今泰国）、三佛齐（今印尼苏门答腊）、菲律宾，乃至印度和阿拉伯国家都有丝绸与货物的交换记录。中国的丝绸在海外尤其受欢迎，宋锦、生丝、锦绫、缬绢、丝帛、五色缬绢、皂绫、白绢、杂色帛等各种名目的丝织品都被送到了国外。当时中国商船开到哪里，哪里的民众就拿出当地的土特产交换。

元朝时，浙江的商船通过宁波港，不但与日本、高丽通商，还将海上贸易扩张到南洋乃至欧洲、非洲等地。中国的生丝、花绸、缎绢、金锦等源源不断地输往海外。同时，由于朝廷大力奖励和保护海外贸易，外商们来华贸易也十分踊跃。开庆《四明志》卷八载："倭人冒鲸波之险，舳舻相衔，以其物来售。"你来我往，浙江与海外国家或地方这种活跃的贸易活动，一直延续到了明朝初年实行海禁制度前。

勘合贸易制度

所谓勘合贸易，是指明代实行海禁制度后，外国使者来华进行朝贡贸易的一种称呼，因此也称"贡舶贸易"。明朝洪武十六年（1383），朝廷制定了勘合贸易制度，即只允许外国使者在朝廷规定时间、规定地点内到中国进行朝贡贸易。外国商船进入中国时必须持有朝廷事先颁发的勘合证明，方可满载贡品及各自方物、土产来中国。使臣到中国之后，明朝廷派专员接待，陪同，收取贡品、方物后，再以"国赐"形式回酬金银财物或外商所需的中国物品。

各国贡期不等，或三年，或五年，日本与中国不属于宗藩关系，所以日本到中国的规则是十年可进贡一次。明州港作为中日勘合贸易的唯一港口，是明代以来日本船舶登陆中国的必经之地。每次船只进入明州港便得提交勘合证明，上面须写明使臣姓名、贸易物品、具体数量，经朝廷布政使司核实确认后，才准许进入明州港。

这种朝贡制度下，有些商人出于经济利益的考量，甚至唆使外国使团伪造印章来华，他们以廉价货物换取朝廷的巨额赏赐。东南沿海甚至出现"倭寇"假冒日本使臣和商人来华进行非法贸易的情况。明世宗嘉靖二年（1523），甚至出现两个日本贸易使团几乎同时来明州的情况，真伪难辨，两个使团各以己为正宗，彼此之间相互残杀，史称"争贡之役"。此后，东南沿海尤其是江浙一带屡屡为倭寇所侵扰，最终朝廷下令撤销宁波市舶司，禁止外国船只出入，并实行更为严厉的海禁政策。

茶市茶楼

商贾集

浙江茶叶

　　浙江的茶树栽培历史悠久、范围广泛。现代考古发现，早在远古时期，浙江就出现了山茶科山茶属植物。杭州萧山跨湖桥遗址出土的茶籽，余姚田螺山遗址出土的茶树根，都表明大约8000—6000年前的远古时期，浙江已有原生的茶树。而在距今2000年左右的东汉时期，浙江已经开始人工栽培茶树了。到了三国、两晋时期，浙江人饮茶已经蔚然成风。

　　唐朝时，浙江有10州55县种植茶树，茶区的数量和分布与如今浙江省的产茶县市已经十分接近。当时浙江人煎水煮茶已很普遍，茶叶生产空前发展，村民们在房前屋后开始广泛栽种茶树。茶树的种植，带来了丰厚的经济回报，谚语称"一个茶芽七粒米"，又说"千茶万桐，一世不穷"。唐人陆羽在浙江写出了茶学的开山之作《茶经》。在这部书中他对唐代及唐代以前茶树对土壤环境、气候的要求，茶叶的采摘、制作工艺，煮茶、饮茶的器皿要求、具体步骤，乃至茶的历史、产地等知识和技术都做了详尽阐述，从此茶叶从生产加工到品鉴就有了比较完整的科学依据。这本理论与实践相结合的书籍极大地推动了茶叶的生产和饮用。此后，浙江茶叶的栽种开始从道观寺庙逐渐走向普通农家，又从农家自给自足的副业产品逐渐变成当地重要的经济作物。

饮茶成为风尚后，茶叶贸易也变得日益兴盛。湖州因其水利交通之便，成为中国茶叶运销的集散地。而婺州在唐代已经以茶闻名于世。在绍兴茶乡平水镇，至今还流传着村童摹写白居易和元稹的诗作，以诗换茶的故事。相传，一天元稹去绍兴剡溪平水镇，他发现有不少儿童在抄写他与白居易的诗句，一问缘由，才知道他们的这些诗作可以在当地换到茶叶。这个小故事一方面说明元稹和白居易的诗作在江南广受欢迎，另一方面也反映出茶在浙江的通行程度，某种意义上已经起到类似于通货的作用。当然不可忽略的一点是绍兴平水镇在唐代时已经是浙江重要的茶叶集散地。

两宋时期是浙江茶业的繁荣期，尤其是南宋迁都杭州后。浙江已流行原叶烘干炒制的草茶，开创芽叶散茶的先河。茶市、茶肆也发展迅猛，市民阶层茶文化流行。欧阳修的《归田录》卷一记载："腊茶出于剑建，草茶盛于两浙。"说的就是浙江绿茶在浙江盛行的情况。陆游记载草茶云："不团不饼，而曰炒青。"这种"炒青"就是今天绿茶的前身。

宋代时，浙江的茶叶品类已超过 40 种，其中最著名的是杭州西湖的宝云茶、香林茶、白云茶和绍兴的日铸茶、卧龙山茶，这些在当时都被朝廷选为贡品。其实不光这些地方，当时的浙江，除了嘉兴府外，其他 10 个府州也全部产茶。史籍记载，绍兴三十二年（1162），浙江的产茶量已经高达 550 多万斤。茶叶消费也日益增加，茶叶产销已经集散成市，茶肆、茶坊更是遍布街坊村落，形成了多级茶叶市场，比较著名的有平水、兰亭、四明、兰溪、崇新门、东青门等茶叶产地市场，各地州县共计出现了 27 个官买茶场。

浙江的茶叶不仅风靡全国，而且逐渐流传至国外。宋代时径山茶宴传入日本，成为日式禅茶的起源。相传日本茶道的开山鼻祖村田珠光在京都大德寺准备享用自己亲手点的茶时，他的老师一休宗纯突然举起如意铁棒对着他大喝一声，当场将村田珠光手中的茶碗打碎。茶汤洒了一地，周围的人顿时感到清香四溢。村田珠光点茶的方法就是从浙江余杭径山寺传入的。他还由此创造出日本茶道最初的形式——"草庵茶"。日日点茶品饮，他甚至悟出"佛法存于茶汤"的道理。从此中国的茶道在日本发扬光大。

明清时期，浙江芽叶茶率先推出撮泡品饮法。明代陈师的《茶考》说："杭俗烹茶，用细茗置茶瓯，以沸汤点之，名为撮泡。"这种新的泡茶方式因其方便易行的特点，很快为浙江民众所接受，在民间广泛普及。这种冲泡方式日益深入人心，逐渐积累沉淀，形成了富有浙江特色的饮茶文化。茶叶也从此走入千家万户，成为文人雅士和民众解渴醒脑的最佳饮品。

民国战乱时期，浙江茶叶生产遭遇重创。无论是茶叶的外贸需求还是内需生产都严重萎缩，浙江众多茶农、茶商和茶馆经营者都陷入勉力支撑的阶段。

新中国成立后，浙江的茶叶生产一扫颓态，产量和销量迅速恢复，茶园面积稳中有进，并且出现了一大批著名的茶叶品牌，西湖龙井享誉国内外，大佛龙井、越乡龙井、开化龙顶、金奖惠明茶、安吉白茶、武阳春雨、径山茶和绿剑茶等也都是国内知名品牌，名优茶已成为浙江茶叶产业经济的支撑。浙江茶叶在国内绿茶市占率上更是出色，民谚有言"国人四杯茶，浙江占其一"。

近年来，浙江的茶农、茶商进一步拓展茶叶市场，在国内市场的线上、线下同步发力。茶叶的线下交易市场遍布浙江各个

城镇市集，其中浙南茶叶市场更是中国最大的绿茶集散中心，仅
2022 年一年，交易总量就达到 81674 吨，交易总额更是超过 65
亿元。线上方面，浙江茶叶电商也发展迅速，如丽水市松阳县的
许多茶叶电商企业和个体户通过互联网平台将茶叶销往全国各
地。电商品牌"陈不记"从 2019 年 5 月注册公司至 2020 年新
茶上市，不到一年的时间，客户数量已经超过 10 万，销售额累
计超过 500 万元。"绿云峰" 2019 年在电商渠道的销售总额更
是高达 8600 万元。类似的网络茶商还有很多。除此之外，浙江
茶商也深耕国际市场，出口产品至 100 多个国家和地区，包括美
国、乌兹别克斯坦、日本等。浙江出口的茶叶主要为绿茶，其中
50% 以上被运往西北非，销量最大的茶叶出口地要数摩洛哥。
浙江出口茶叶的销售额占当地茶叶销售额的 32%，此外亚洲其
余地方和欧洲也是浙江茶叶主要的出口市场。

　　除了深入开发多元化茶叶市场外，浙江的茶叶经济坚持产
业融合与可持续发展道路，通过将茶产业与文化、旅游、科技、
金融等产业融合发展，形成了"茶 + 文化""茶 + 旅游""茶
+ 科技""茶 + 金融"等多种融合模式，积极推动茶产业转型升
级，从而提升茶产业的综合效益。

浙江茶农

　　除了寺观的僧侣道徒之外，浙江最早进行茶树栽种的就数当
地的农户山民了。陆羽的《茶经》中就有虞洪上山采茶的故事。
唐代，浙江的茶产业获得了空前的发展机会，浙江的农户们开始
在自家门前屋后广泛栽种，并且因此分化出了一批脱离粮食生
产，完全依靠种茶为生的人。

　　《禁园户盗卖私茶奏》记载，唐会昌年间（841—846），"江南百姓营生，多以种茶为业"。当时浙江的农户发现种茶的收益高于种植普通粮食，于是一部分农户放弃了种植普通粮食作物，开始专门成片地种植茶树。

　　皮日休的《茶中杂咏》云："闲寻尧氏山，遂入深深坞。种莯已成园，栽蒪宁记亩。"说的就是尧氏山上出现了成片的茶园，面积大到要用亩来计数。辛文房的《唐才子传·陆龟蒙》记载："龟蒙嗜饮茶，置小园顾渚山下，岁入茶租，薄为瓯蚁之费。"说的则是陆龟蒙买下一片茶园，租给附近农户经营，再以所得租费作为自己的茶水费。这是一个典型的以茶养茶的案例。因唐代的茶叶不能直接拿来泡茶，需加工制成茶末方可食用。陆氏虽有茶园，却还需买茶。这个例子同时也说明唐代出现了租用别人的园子的专业茶农。

　　宋代的茶分团片茶和散茶两类，植茶制茶已是山区农户的主要产业，而浙江茶户正在逐渐转向制散茶。当时的散茶之中，日铸茶是佳品，欧阳修在《归田录》中称："草茶盛于两浙，两浙之品，日铸第一。"他认为日铸茶是两浙最佳茶品。陆游在湖北三游洞写下《三游洞前岩下小潭水甚奇取以煎茶》："囊中日铸传天下，不是名泉不合尝。"陆游甚至提出不是名泉，不配烹煮日铸茶。日铸茶全称为"日铸雪芽"，该茶主要产于距浙江绍兴柯桥区（原绍兴县）东南五十里的会稽山日铸岭，一般每年四月上、中旬按一芽一叶的标准进行采摘，再经过拣剔摊放，失水百分之五左右后进行杀青、摊凉、整形理条、初烘、足火五道工序。成品的茶叶外形条索细紧，形似鹰爪，银毫显露，冲泡之后滋味鲜醇，香气清洌，汤色澄黄明亮。

　　随着浙江散茶影响力的日益增加，茶利成为当时朝廷的财政来源之一。《宋会要辑稿》记载："两浙、江东产茶浩瀚，近缘方贼惊劫园户，践踏茶园，阻隔道路，所收钱引大段亏欠。今已平荡贼徒，理当措置优恤园户。"说的是在方腊起义引起茶园歉收的情况下，朝廷采取了一点保护税源的措施。但能够引起"大段亏欠"，同样也说明当时两浙茶园茶农人数众多。

明代时，朝廷将茶农编为"茶户"，对茶叶的生产、销售实施严格管制。于是，茶户成为办纳茶课的基本单位。洪武年间，芽茶、叶茶的制作方法开始流行，这种制茶方式比唐宋时的团茶要简单方便得多，茶户学习之后就能掌握制茶方法，逐渐不再需要额外的加工商，自己就成为集种茶与制茶于一体的生产单位。

清代茶农被称为园户，他们在负责种茶的同时还会对茶叶进行初级加工。《清会典》记载："康熙二十二年（1683）各省茶课共银三万二千六百四十二两零……浙江茶课一万八千一百一十三两二钱。"浙江茶叶的税收金额超过全国一半之多，不仅说明浙江茶户多，还说明浙江茶叶产制量在全国也占据极大的比重。晚清"五口通商"后，对外贸易增加，浙江农户的种茶积极性更是大幅提升，他们开垦山地，想尽办法扩大茶树的种植面积，山区农民大多以此维生。1948 年，浙江茶农达到 14.3 万户，其中尤以永康茶农居多，达 3.2 万户。新中国成立后，政府废除了封建土地所有制，重新划分了土地使用权，茶农积极性进一步提高。2010 年时，浙江省拥有 2 亩以上茶田的农户多达 628252 户。

湖州茶市

湖州长兴顾渚的紫笋茶举世闻名。唐大历五年（770），朝廷就在当地设官办贡茶院。刚开始仅有草舍 30 间，规模并不算大。但贡茶数量此后逐年增大，生产规模也越来越庞大。顾渚山谷光是制茶工匠就多达千余人，最多时役工超过 3 万人。而最盛的时候要数唐武宗会昌年间（841—846），当时年进贡紫笋茶数额高达 18400 余斤，数量之多，雄冠全国。

随着贡茶需求的日益增长，周边地区也开始种植和生产茶叶，湖州因此出现了茶叶专门种植区和以种茶为业的职业茶农，以及数量不少的私人茶园。到了唐后期，顾渚汇入太湖的出水口称"水口"，到顾渚采买茶叶的船只在这里停泊成市，形成了草市，这里即"水口草市"，成了茶叶的专卖市场。因着茶叶贸易热闹繁荣，市中还出现了酒楼茶肆，各色人员川流不息。

每逢采茶季节，各地茶商纷纷前来。杜牧的《题茶山》诗记录了当时水口草市的交易盛况："山实东吴秀，茶称瑞草魁。剖符虽俗吏，修贡亦仙才。溪尽停蛮棹，旗张卓翠苔。柳村穿窈窕，松涧渡喧豗。等级云峰峻，宽平洞府开。拂天闻笑语，特地见楼台。泉嫩黄金涌，牙香紫璧裁。"每当紫笋茶上市的时候，这里人头攒动，热闹喧嚣。水口草市茶叶交易的繁荣给当地人民带来了丰厚的经济收益。杜牧在给李德裕的书中极尽笔墨描述当时的繁华："盖以茶熟之际，四远商人，皆将锦绣缯缬、金钗银钏入山交易，妇人稚子尽衣华服，吏见不问，人见不惊。"人人皆着"华服"，"金钗银钏"不离身的盛况，说明了当时茶农、茶商普遍富裕，"不问""不惊"则说明当地官吏和民众已经对这种富裕状态司空见惯、习以为常，所以丝毫没有惊讶。

宋代，紫笋茶声名依旧卓著。《宋史·食货志》记载："雪川顾渚生石上者谓之紫笋，毗陵之阳羡，绍兴之日铸，婺源之谢源，隆兴之黄龙、双井，皆绝品也。"紫笋茶与阳羡、日铸等茶齐名。但由于当时的天气逐渐转入寒冷期，浙江的茶叶产量有所减少，湖州贡茶的地位也渐渐下降，甚至数度停贡。贡茶院也从顾渚转移到了福建建安。而宋代朝廷上下奢侈成风，穷极讲究，福建一带所贡饼茶逐渐更受朝廷官僚青睐。宋代顾渚紫笋茶不再属于进贡的御品，水口茶市也没有唐时那般繁荣了。虽不再为朝廷所重，湖州茶叶却受到了广大民众的喜爱。随着宋代饮茶风尚的形成，茶叶海外贸易逐渐扩大，茶叶需求量急剧增加，因此湖州茶叶的种植面积反而越来越大，产量也不断增长，民间茶市继续发展。

到了元代，湖州地区的茶业除散茶保持持续发展外，末茶也流行起来。所谓末茶，就是将茶叶采摘下来，经过蒸青或炒青等杀青工序，将茶叶烘干或晒干，再用专门的器具将其研磨成极细的粉末。研磨过程中，为了增加末茶的风味，还可根据需要添加薄荷、龙脑等香料或其他调味料。当时元朝宫廷和贵族所饮用的"金字茶"，其实就是"东南湖州造进"的末茶。为此还曾在唐代顾渚贡茶院旧址上专门设立了"磨茶所"。

绍兴茶市

绍兴，茶叶种植与生产历史悠久，产茶量大，茶品出众，因此一度被称为中国的"茶都"。茶圣陆羽在《茶经》中称："浙东，以越州（绍兴）上。"唐代时，绍兴的茶叶种植与生产都极为普及，茶叶品质居两浙之冠。王敷的《茶酒论》云："越郡、余杭，金帛为囊。素紫天子，人间亦少。商客来求，船车塞绍。"描绘了唐时国内的客商在茶季，驾车船奔涌至绍兴的场景。绍兴的茶叶不仅在国内深受欢迎，唐时茶叶良种已东传至日本。宋代时，会稽山日铸茶和卧龙山的端龙茶名扬天下。明清时，绍兴出现了平水珠茶这样的知名品种，茶产业大规模扩大，茶叶行销海外。民国时因战争频繁，绍兴茶业一度低迷。新中国成立后，绍兴茶业重获新机，成为当地种植业的支柱产业之一，也成为中国乃至世界最大的绿茶生产基地。

　　绍兴茶市中最知名的当数平水草市与兰亭茶市。平水地处会稽山与北部平原的交界处，地貌形态丰富，位于千山万壑之间。元稹任越州刺史时，曾经过平水草市，偶遇儿童吟其诗，并告诉他："先生教我乐天（白居易）微之（元稹）诗！"元稹感于这次际遇，特地在《白氏长庆集序》中记载了这件事，并注解"平水"为"镜湖傍草市"。明代刘伯温在《出越城至平水记》中则对平水草市做了详细描述："泊于云峰之下，曰平水市，即唐元微之（元稹）所谓草市也。其地居镜湖上游，群小水至此入湖，于是始通舟楫，故竹木薪炭、凡货物之产于山者，皆于是乎会，以输于城府，故其市为甚盛。"按刘伯温所说，平水草市不仅交易茶叶，还是当地的特产输往城市的集散地。

　　兰亭，地处绍兴城西南的兰渚山下，盛产花坞茶。兰亭茶市在南宋时期极为兴盛，诗人陆游多首诗作中对此均有咏及。如《湖上作》云："兰亭之北是茶市，柯桥以西多橹声。"《兰亭道上》四首之其二云："兰亭步口水如天，茶市纷纷趁雨前。"其三云："兰亭酒美逢人醉，花坞茶新满市香。"《初冬出扁门归湖上》云："云归玉笥茫茫去，水下兰亭曲曲来。稻垄受犁寒欲遍，渔船入市晚争回。"《初夏》亦云："梅市花成幄，兰亭草作茵。"兰亭不仅有茶市，也有花市、渔市，这些诗作反映出当年诗人往来兰亭之频繁，也可见当时茶市、花市和水产的交易盛况。

四明草市

四明山位于浙江省宁波余姚市四明山镇,最高峰近千米,平均海拔四五百米。山虽不算太高,但横跨余姚、海曙、奉化,连接嵊州、上虞,怪石灵秀,山水壮观,被称为"第二庐山"。山清水秀的自然环境,特别适合茶树生长,故而当地多有野生茶树。

唐代,宁波的天童禅寺、阿育王寺已经有专门生产茶的茶园,并且赋予饮茶禅佛之义,佛茶交融。四明一带的禅茶已经超出了茶叶技术的领域,提高到灵魂艺术的层面。茶不仅是一种提神醒脑的饮品,也是社交必备的物品。正如张如安在《南宋宁波文化史》中所言,南宋时四明地区的饮茶之风,较之北宋更盛,民众家中常备茶叶。饮茶方法也极为丰富,点茶、煎茶、泡茶同时通行。以茶会友,已成为当时当地的社会潮流,人人趋之如归。

山中有佳茗,民间多饮者,自然而然,就出现了茶市、茶肆。宋元时期,四明山的禅寺多产茶,十二雷茶、灵山茶、慈溪资国寺茶皆为名品。在宋朝廷与高丽的贸易往来中,运抵高丽的物品除瓷器、丝织品和书籍之外,还有茶叶,它也是非常重要的交流物品。舒坦的《和马粹老四明杂诗聊记里俗耳》十首之十云:"草市朝朝合,沙城岁岁修。雨前茶更好,半属贾船收。"描绘的就是当时高丽使者于清明前后在四明草市收茶的情景。高丽使者不仅买茶,而且对什么时节的茶好也一清二楚。上面的诗明确写出了高丽使者认为谷雨前的茶最好。

杭州茶市

杭州是浙江省乃至全国的茶叶重镇。早在唐代，杭州就以禅茶闻名。陆羽的《茶经》云："杭州临安、於潜二县生天目山，与舒州同，钱塘生天竺、灵隐二寺。"当时这里出青团茶。当地人饮茶已经不再作偶尔提神醒脑之用，而是成为一种重要习俗。白居易任杭州刺史时，曾作诗《招韬光禅师》云："白屋炊香饭，荤膻不入家。滤泉澄葛粉，洗手摘藤花。青芥除黄叶，红姜带紫芽。命师相伴食，斋罢一瓯茶。"显然，白居易在杭州时，饮茶已成为饭后的仪式性活动。唐人封演的《封氏闻见记》记载："按此，古人亦饮茶耳！但不如今人溺之甚，穷日尽夜，殆成风俗，始自中地，流于塞外。"不仅国人饮茶，这种重饮的风气甚至流传到了塞外。

五代吴越国和南宋建都杭州，更促进了杭州城的商业繁华，南宋时期是浙江茶叶的繁荣时期，各地市茶市星罗棋布。据《宋史·食货志》载，宋徽宗时期全国置茶市超过四十所，大约百分之七十在浙江。杭州物阜民丰，早早形成了茶叶交易市场。杭州本地所产白云、宝云名茶以及临安府所属诸山所出普通茶叶就常在崇新门茶市和东青门外坝子桥茶市进行交易。

西湖产茶出天竺、灵隐二寺。宋元时，已有关于龙井茶的诗文。宋元祐五年（1090），苏轼知杭，辩才大师见苏东坡时云"煮茗款道论"，留下了苏东坡与僧人品茗论道的佳话。元代人虞伯生在《次韵邓善之游山中》诗中云："徘徊龙井上，云气起晴昼……澄公爱客至，取水极幽窦。坐我檐卜中，余香不闻嗅。但见瓢中清，翠影落群岫。烹煎黄金芽，不取谷雨后。同来二三子，三咽不忍嗽。"写出了雨前龙井茶香醇厚、色泽金黄的特点。

明时，龙井茶仅指老龙泓周围十数亩地所出之茶。高濂在《遵生八笺·论茶品》中说："如杭之龙泓，即龙井也。茶真者，天池不能及也。山中仅有一二家，炒法甚精。近有山僧焙者亦妙，但出龙井者方妙。"写出了明代龙井茶的珍贵和稀少。

清代，乾隆皇帝四次南巡至龙井，留下了许多关于龙井茶的诗句，如《观采茶作歌》云："火前嫩，火后老，惟有骑火品最好。西湖龙井旧擅名，适来试一观其道。村男接踵下层椒，倾筐雀舌还鹰爪。地炉文火续续添，乾釜柔风旋旋炒。慢炒细焙有次第，辛苦工夫殊不少。王肃酪奴惜不知，陆羽茶经太精讨。我虽贡茗未求佳，防微犹恐开奇巧。防微犹恐开奇巧，采茶揭览民艰晓。"清代前期，龙井茶以细嫩单芽制成，状如针芽，所以有"龙井银针"之说。到晚清时已炒成现在的扁平形。

龙井茶香飘万里。晚清至民国时期，每年开春，新茶上市，各地的茶商纷纷聚拢到杭州采买龙井茶。茶行为了抢到最佳时节的龙井茶，都派人在龙井设立临时茶行，就地收买茶叶。全国各大城市的茶商则通过茶行抢购龙井茶，如北京的鸿记，天津的正兴德，上海的汪裕泰、程裕新，苏州的汪瑞裕，济南的鸿祥，哈尔滨的东发合等，都是这样操作的。从西湖来的游客，往往自行上山购买。直到今天，不仅龙井如此，杭州之翁家山、茅家埠、杨梅岭、满觉陇等地还有这样的风尚，茶农还会自行设铺售卖。当然也有不法商贩，为了牟取暴利，从其他地区收购绿茶，贩运至龙井，假冒西湖龙井进行销售。

除了龙井茶市外，留下和西溪也盛产茶叶，当地也曾茶市兴旺。明清时西溪就盛产茶叶。据说一到清明前后春茶烘焙时节，当地十里飘香。茶商多从水路而来，一时之间，舟船连绵。明代

江南著名的篆刻家马元调的《横山游记》记载："市中百物略有，商贾亦具，负薪者尤塞途，居人储以待价，高与楼等。焙茶处，新香酷烈。茶客多松江人，载米来易，舟首尾相衔接。亦有歌儿、伎女来逐。茶市亦一时土风景物也。"留下茶市兴盛于清朝同治时期。当地茶行分为两类：一种为常年经营行，从新茶上市一直到当年中秋节秋茶收市；另一种为季节行，一般只收购春天的头茬茶，主要售卖留下、桐坞、龙门坎一带的旗枪和红茶，也有一些卖梅家坞龙井茶的茶行。

九一八事变后，东北全境沦陷，杭州失去东北市场。1937年杭州也沦陷，茶市遭到前所未有的严重破坏，更加一蹶不振。

新中国成立后，党和政府十分重视杭州龙井茶等茶叶的发展，周恩来总理、朱德副主席、陈毅元帅等革命家曾多次亲自到龙井茶区视察，鼓励茶区人民多产龙井茶，推动了杭州茶叶生产的恢复和发展。此后，随着改革开放的浪潮，全国茶叶市场逐渐放开，杭州茶市的经营主体逐渐走向多元化，除了传统的国营茶厂和供销社，个体茶商和私营企业纷纷涌入茶市，茶业竞争加剧，茶市日益繁荣。

武义茶市

武义属于金华市，地处浙江中部，东与缙云县接壤，东北与永康市交界，南与丽水市相依，西与遂昌为邻，西北与正北则与金华市婺城区、金东区相接。武义地势崎岖，山多水密，气候温润，盛产茶叶。当地最著名的茶叶市集要数乌门茶市和水阁茶市。

乌门茶市位于新宅山区菊溪下游的乌门村，曾是丽水到金华的必经之路。该地盛产的茶叶被称为乌门茶。清代光绪年间，乌门茶市兴起，茶叶供不应求。不仅当地的乌门茶，连周边长乐、巨溪、李坑、泄下等地的茶叶也都转运到此销售。乌门茶行将各地的茶叶收购并进行包装，再运送到县城，或直接走水路运往金华、杭州、上海等地。后来由于1942年日军占领武义，阻断了茶叶运输道路，乌门茶市才从此衰败。

水阁茶市位于武义白姆乡水阁村一条旧称"厚睦"的十里长山垄里。此地出产的高山云雾茶叶片细嫩、香气馥郁、色香味俱佳。清代岁贡生王清臣曾在品饮此茶后，击掌盛叹："此实胜龙井、武夷多矣，甚矣！"水阁茶市形成于清末民初，早先是武义、宣平两县的塘头、岭下汤、麻阳、大河源、上坦、云溪、吴宅、陶村等地的茶农来这里售卖，随着水阁茶声名远播，茶市生意兴隆，附近村庄也将当地的新鲜茶叶运到水阁来加工。后来茶贩子索性把武义、宣平及松阳、遂昌等多个周边地区的茶叶都运来这里加工制作。水阁高山云雾茶的热销，也引得金华、杭州、上海等地的茶商携资加入，络绎前来。民国时期，水阁茶行生产送评的"后树云雾茶"荣获日内瓦世界食品博览会金奖，水阁茶市也因此达到鼎盛期，全国各地都有茶商屯居到这个山村，坐地经营。每年茶市从清明收购开始，到农历八月底才结束，茶叶运销则要到当年农历十一月末至十二月初才告一段落。

浙江茶贩

不同于官方特许经营的茶商，财大气粗又有政府委派令，浙江的茶贩往往是个体经营，独立销售。每逢采茶季节，他们会流动于各个茶叶产区之间，向茶农零星收购粗加工的毛茶。

宋代诗人范成大曾在《晚春田园杂兴》的第三首诗中，描写过茶贩进村收茶的情形："鸡飞过篱犬吠窦，知有行商来买茶。"鸡飞狗跳的场面，生动形象地衬托出了茶贩来村，打破山村安宁的实际情形。

虽然在历史的长河中，茶叶大部分时候属于政府专卖的商品，官方不允许普通商人参与运输与贩卖，但事实上民间茶贩一行，在民国之前一直存在。茶贩多为小本经营，不需要多少资本，一杆秤、一根扁担，便可行走于十里八乡的茶农之间，收茶不及百斤，便挑去卖给城里的茶行，主打一个快进快出，属于短期买卖。浙东四明山称茶贩为"扁担"，金华、武义称其为"螺丝"，意思是这些茶贩经营规模小，持货时间短。偶尔有些商业意识强的大茶贩，也会逢低收购，囤积之后，长途贩运，再以相对高价售卖出去。

总体而言，茶贩多为当地较有见识之人，往往是保甲长、乡村教师或者店铺老板等，他们走南闯北，属于当地最有人生经验与商业头脑的人物。贩卖茶叶，并不需要很多资本，相反，凭借之前积累的信用便可维持生意。出茶之时，他们一般先以少量定金将茶叶贩去，待得茶叶脱手，再回来付清尾款。古代交通不便，茶农又往往身处深山或偏僻乡村，对外界的市场需求缺乏感知，也无法与需求市场直接联系，所以对茶贩的依赖比较严重。每逢采茶季，若是几天不见茶贩出现，茶农们就会焦虑不安，茶贩的重要性由此可见一斑。

杭州茶馆

茶馆也称茶楼、茶肆、茶轩、茶坊等，是一个历史悠久的场所。茶楼始于唐代，原是过路客商休息的地方。随着时代浮沉，经营内容有些改变。到了宋代，茶楼就成了集饮食、娱乐于一体的地方，茶楼经济空前繁荣。元代，茶楼开始没落，到明代前期，大型茶坊一度消失。但明代中期之后，随着茶的品种日益增多，品茶方式也经历了从点茶到出泡的变化，茶楼又一次繁荣起来。清代至民国时期，茶楼遍布十里八乡，功能众多，成为百姓休闲娱乐、商务洽谈的最佳去处。人们不仅在里面喝茶，还在里面品曲、听戏甚至谈生意。

日本入宋僧成寻的《参天台五台山记》记载，北宋熙宁年间，杭州已出现茶楼，"每见物人与茶汤，令出钱一文。市东西卅余町、南北卅余町，每一町有大路小路百千，卖买不可言尽，见物之人，满路头并舍内。以银茶器每人饮茶，出钱一文"。显然当时杭州的茶楼已十分讲究，茶水钱按人头收取每人一文，饮茶所用的器皿也都是银制的。

南宋时临安（即今杭州）为国都，当地人口多，商业经济繁荣，所以茶馆数量也不断增多。《全宋诗》中仅晚宋的茶诗，数量就超过一千首，可见当时饮茶风尚的流行程度。法国汉学家谢和耐在《南宋社会生活史》一书中也说："米酒之外，日常饮料要数茶为第一。茶叶品类繁多，各有风味。嗜此道者，颇不乏人。可谓人人皆精于品茗鉴赏。杭州一地产珍珠茶、香林茶、白云茶三样。"宋人吴自牧的笔记《梦粱录》卷十六《茶肆》记载："汴京熟食店，张挂名画，所以勾引观者，留连食客。今杭城茶肆亦如之，插四时花，挂名人画，装点店面。四时卖奇茶异汤，冬月添卖七宝擂茶、馓子、葱茶，或卖盐豉汤，暑天添卖雪泡梅花酒，或缩脾饮暑药之属。"如其所说，南宋时大量北人为躲避战火纷纷南迁，汴京的贵族来到江浙一带，也带来了汴京城里的生活习惯和审美文化。受此影响，杭州茶楼在装修风格上刻意模仿汴京熟食店，不仅插花、挂名人画作装点门面，而且除卖茶水之外，还贩卖四季对应的零食汤酒乃至常用药物，经营范围可以说涵盖了茶水、汤酒、零食、药品等多个门类。

杭州的茶楼，根据客人的不同需求，还分为人情茶肆、"市头"、"花茶坊"、士大夫聚会茶肆等。人情茶肆非以供应点心茶汤为业，不过以此为由，却可开展包括表演、拍卖、说书等多种经营活动以增加收入；"市头"，则为各行借工、卖伎人与五奴聚会处；"花茶坊"指楼上专安着妓女的茶馆，如"保佑坊北朱骷髅茶坊"；"中瓦内王妈妈家茶肆"又名"一窟鬼茶坊"，为士大夫茶馆。茶馆名字之所以带着"一窟鬼""朱骷髅"等阴森字眼，是因为茶馆里的说书人经常使用鬼怪的话题来吸引听书的顾客，久而久之这些字眼便成了茶馆的名称。当然这些馆名的盛行，也说明当时的茶馆兼具说书、听书功能。

茶馆的兴盛也提升了当地的服务水平，杭州城内不仅到处可见当街吆喝卖茶的摊贩，而且正宗的茶馆门口还多了头戴瓜皮小帽，肩搭白色毛巾的店小二在那里热情招呼。茶馆内部不仅环境雅致，还积极提供各式服务促进生意商谈，除吃食之外，评书曲艺，样样尽有。茶馆不仅满足市民饮茶之需，还成为多元化娱乐休闲场所。

杭州农家茶馆

杭州地理环境得天独厚。一边是钱塘江经杭州湾注入东海，杭州湾喇叭形状的特殊地形在月球引力和地球自转离心力的作用下，造就了钱塘江浪潮的气势磅礴，使其拥有"天下第一潮"的美誉；另一边是举世闻名的西湖，西湖三面环山，东面是城区，周边还有雷峰塔、灵隐寺等众多景点。杭州的自然风光与蕴藉深厚的人文景观完美融合，自古就是国内外游客向往的旅游胜地。

这样的地理环境造就了杭州景区与茶馆的相互融合，旅游业与茶馆业得以双赢互利。比如杭州有特色流动茶馆西湖"船茶"，人们一边坐着手摇船，一边品着茶，成为一道文化与旅游相结合的特色优雅风景线；而本地名茶，如西湖龙井，也成了旅游热销产品。

除此之外，种植龙井茶的西湖茶产区则成为集爬山、观景、品茶、吃饭、休闲旅游为一体的别具一格的特色地区。西湖农家茶楼为了吸引游客，拓宽了服务项目，将种植茶叶、采摘茶叶、炒茶、卖茶与旅游服务业结合在了一起，顾客可以在产区采摘茶叶、参与炒茶等。

如今，杭州的农家茶楼主要分布在梅家坞茶村、龙井茶村、茅家埠茶村、双峰茶村、龙坞茶村、满觉陇茶村等地，白墙黑瓦的江南传统风格民居建筑，与周边青山绿水的茶园风光相得益彰。热情好客的农家茶楼经营者，为游客提供了贴心、周到的服务，让游客在茶餐服务之外，还能品尝与买到当地的土特产，形成一种自成特色的茶村文化。

藕香居

俗语道："上有天堂，下有苏杭。"西湖人杰地灵，吸引了无数文人骚客在此地挥毫泼墨，留下自己的旅行印记。不少茶楼饭馆便因名人的题字撰文与描摹刻画而身价倍涨，一跃成为风景名胜。范祖述在《杭俗遗风》中曾提及，清朝时期，坐落于西湖附近的一家小茶馆门外贴着一副对联："欲把西湖比西子，从来佳茗似佳人。"这家小茶馆的名字就叫作"藕香居"。

据史料载，晚清时期，杭州城内有很多水陆码头，而藕香居便坐落于其中之一的涌金门码头上，茶楼面朝西湖，湖水依于两侧，湖中遍植荷花，每逢夏季微风拂过，层层涟漪中荷香荡漾，别有一番风味。陈栩的《涌金门外谈旧》记载："藕香居不靠湖，傍荷塘而筑榭，内有'茶熟香温'一匾，为精室所在，即个中所谓里堂子者，面塘开窗，花时红裳翠盖，亭亭宜人，如清晨倚槛品茗，则幽香沁人心脾，无异棹舟藕荷深处也。今藕香居遗址犹存，而荷塘淤填，不胜煮鹤焚琴之慨。"在这湖光潋滟的水色中，一杯茶，一炉香，就着一张老木方桌与三两好友品茗，大概算得上人生一大幸事。

西子湖畔，茶馆林立，竞争十分激烈，但因着旖旎风光与让人流连忘返的茶香，藕香居从一众茶馆中脱颖而出，成为众多游客驻足停留、流连忘返的所在，称得上西湖商业街上的一道靓丽风景线。

西园茶楼

西湖边的茶楼星罗棋布，其中最著名的，当数湖滨公园对面的西园茶楼了。坐在茶楼的二层，推窗眺望，可将西湖风光尽收眼底。苏东坡在《饮湖上初晴后雨》其二中赞赏西湖"水光潋滟晴方好，山色空蒙雨亦奇"。在晴雨交替的季节，从这里看去，角度大概是最好的。

这座茶楼不仅风景绝佳，茶香扑鼻，而且茶楼内的点心也做得相当精致可口。其中比较出名的要数猪油细沙大包、蟹黄虾仁大包（当然，因湖蟹属于季节性美食，所以这个蟹黄包也只在湖蟹上市时供应）、五香茶干，还有各色糖果，尤其出名的是裹了桂花、玫瑰花的杭州特产山核桃糖和特制的松子糖。

西园茶楼在民国时曾大放光彩。文人墨客、电影明星都喜欢来这里寻找灵感、洽谈商务，即使是回忆往事，到了这里，也多少带点浪漫色彩。中国现代戏剧的奠基人之一田汉，就是在这里写出了《名优之死》，著名作家叶圣陶也是在这里创作出《倪焕之》的若干片段，徐志摩、胡适和沈从文在这里商讨过《新月》杂志的编务问题，影星胡蝶、阮玲玉则曾在这里观景叙旧。因此，西园已经不仅仅是一个茶楼，更成为当时的文化俱乐部。

嘉兴茶馆

嘉兴位于浙江省东北部，地处杭嘉湖平原腹地。嘉兴人历来种茶，更爱喝茶，所以清代至民国时期，嘉兴茶馆遍布。据光绪《海盐县志》载，海盐县的茶坊，乾隆初年就有，但原来不甚热闹。后来"城中渐有增设，既而市镇亦有之。今则所在都有，凡村落之有桥亭者"，都有茶馆。光顾茶馆的多为成年男性，有些地方的男性甚至成天泡在茶馆里，连田间的农活也不经手，全部交给妇女管理。徐方干的《浙西茶业调查》记载："浙西诸邑，虽在十室鄙野，而茶馆必有一二，农民终日拱手啜茗，废时失业。甚至田间工作，一任妇女。此种恶习，嘉属尤甚。"而成书于 1948 年的《嘉兴县经济概略》也说："乡区茶馆特多，日以茶馆消遣，农田劳作都由女子担负。"据统计，20 世纪 30—40 年代，嘉兴县城有超过八十家茶馆，全县城乡加起来有七百多家，约三千人的新丰镇就有二十二家茶馆，与集镇上商店的比例接近 1 ：10。

嘉兴茶馆为方便迎客、取水，一般选址在门前临街，门后对河的位置。民国时规模较大的茶馆更是分上下两层，上层设雅座，下层面向大众。农家茶馆则设施更简单些，多为平屋、泥地，陈设有木桌、长凳。但无论哪种茶馆，都少不了一只七星灶和两只七石缸。京剧《沙家浜》中阿庆嫂口中的"垒起七星灶，铜壶煮三江"说的就是旧时传统茶馆的特点。七星灶说的是七眼柴灶，铜壶指灶台中间的烧水大壶，也叫"神仙壶"。这壶可以一边加冷水，一边出开水。盖因壶身中间有一注冷水的口，凭内部奥妙结构，冷水进入下层冷水区，上层热水不受影响，可以直接出热水。茶客不知其中原委，赞为"神仙壶"。

嘉兴有形形色色的茶馆，顾客大都根据自己的行业去不同的茶馆。米行老板多去中基路上的怡园茶馆洽谈生意，新闻记者多去中和街口（今建国路）的瓶山阁茶馆打探消息，养花鸟者多去孩儿桥乐园茶馆交流经验，前清举人、秀才、律师、士绅等多去原张家弄的寄园谈天说事，武术爱好者多去侠北花园路上的见山楼茶店切磋武功，文人墨客则常到西寺桥旁宜园茶店拍曲唱戏。三教九流各有各的茶馆作为行业聚会地。

寻常日子里，经常天尚未亮，排门板还未卸下，茶馆的灯火才刚点起，就有附近的农民、居民赶来喝茶。天亮后，第一拨茶客逐渐离开，第二拨又慢慢聚拢，茶客川流不息。那时的茶资也相当便宜，一壶茶，两只茶盅，可供二人同饮，大概就是一枚鸡蛋的价钱。十里八乡的农民，他们进城办事或赶集来卖农副产品，就喜欢到茶楼里坐上一坐。而最热闹的要数"中茶"，每间茶馆这个时候基本上都座无虚席。茶客们进进出出，大多还手提肩扛自家土物，一边吃茶，一边售货，谈笑之间就将自己家的物品卖出去了。通常卖完了也不走，坐到中午甚至日落才归，故有"孵茶馆"一说。

除了去普通的茶馆喝茶，民间还有"吃讲茶"的习俗。所谓"吃讲茶"，是指旧时邻里之间闹纠纷，一般请当地有威望的老者当"中人"代为调解。老者与纠纷双方约定在茶馆里边喝茶，边讲理谈判，旁人、茶客也可参与调解。若调停成功，"中人"便向双方的茶盅中各斟三下茶，双方喝下茶便达成和解。不过有时有钱有势的一方会雇地痞、流氓参与"吃讲茶"，那情况就又有所不同，他们自封"中人"，强迫对方就范。和谈不成时，便会大打出手，掀桌扔凳。这时店堂"茶博士"看情况不妙，往往会立刻劝解旁边茶客先行离去。

新中国成立后，嘉兴的茶馆数量逐渐减少。尤其随着其他餐饮、聚会、娱乐项目的兴起，茶馆的许多功能为其他行业取代，已不复从前的热闹。

湖州茶馆

浙江湖州的茶文化历史悠久，茶馆也比较多。中国最早、最完整的茶学专著——陆羽的《茶经》，就是在湖州写成的。茶馆分为茶店和茶栈。一般而言，茶店规模较小，只是单层建筑；茶栈则往往有几层楼，建筑面积相对要大许多。早期的茶馆在各个时间段都为茶客提供便利，分为早中晚茶，商贩们经常一边吃早茶，一边应酬交易，顺便向同行打听市场经验，因此茶馆是商户

经常光顾的场所。

仪凤桥边的凤欢楼、府庙的顺元楼等都是湖州比较著名的茶馆，店内供应湖州名茶，如顾渚紫笋、安吉白茶、三癸雨芽、莫干黄芽等。茶馆的收费方式也较为灵活，喝茶当然要付茶钱，但除此之外，有的茶馆也有说书唱戏、湖剧或者越剧表演，观看这些表演也要收费。若表演在夜间进行，茶馆还会陆续供应各类小吃作为夜宵，这当然也都包含在茶价中。民众对茶馆这种集喝茶、娱乐、饮食消费于一体的场所十分青睐。据1935年的调查报告，20世纪三四十年代，德清新市镇就有升平楼、丹凤楼等十四家茶馆，长兴县城人口不足一万人，特色茶馆就达十多家。

新中国成立后，湖州的茶馆依旧生意兴旺。据1953年浙江省茶叶调查组的调查结果，当时吴兴、德清、长兴、安吉和湖州市区共有大大小小的茶馆二百九十三家，茶馆数量众多。但在1956年私营工商业经社会主义改造后，湖州的茶馆纷纷关停，剩者寥寥。不过在20世纪90年代后，湖州的茶馆恢复生机。1991年，湖州土特产公司率先开办了现代与传统相结合的陆羽茶馆，以此为风潮，湖州的现代茶馆越开越多，逐渐成为一个产业。

绍兴茶馆

世人皆知绍兴人爱喝酒，却不知绍兴人更爱饮茶。鲁迅的小说《药》里的主要情节就是在茶馆中展开的，"老栓走到家，店面早经收拾干净，一排一排的茶桌，滑溜溜的发光"，显然华老栓家就是绍兴开茶馆的，华小栓也正是在茶客们的喧嚣声里，知道自己吃的原来是人血馒头。这里我们不去讨论《药》这部小说的具体情节，我们要说的是从小说中可以看到茶馆是当时绍兴人讨论时事、打听消息的重要场所。

绍兴是典型的江南水乡，河流纵横交错，新中国成立前城里的主要交通要道就是大大小小的河流，民众常用的出行方式是坐乌篷船，所以绍兴的茶馆也大多依水而建，有的甚至直接设在桥上，更有甚者将乌篷船"变身"为迷你茶馆，以便招揽船夫和乘客。一边品茶，一边随着水声桨影自然沉浮，别有一番江南水城特殊的情调。

绍兴茶馆一般都有曲艺活动，当地最流行的茶馆曲艺要数"莲花落"。说书人和唱莲花落的艺人们通过讲述《三国演义》《水浒传》《七侠五义》《包公案》等历史侠义故事和绍兴本地的市民故事吸引观众。茶馆和这些曲艺技师们相辅相成。对艺人来说，茶馆提供了遮风挡雨、固定卖艺的场所；对茶馆来说，这些精彩的故事与讲唱，帮助茶馆吸引了更多的茶客。同时，绍兴本地盛产茶叶，许多茶馆顺带销售茶叶，一定意义上提高了当地的茶叶销售量。此外，高档茶馆环境幽雅，吸引商人来此地商洽生意，既推动了茶馆经济，也促进了城市的商业发展。

金华茶馆

金华，即古代婺州，位于浙江中部，金衢盆地东段。金华市下辖各地均属亚热带季风气候，雨量丰沛，四季分明，特别适合茶树的生长，所产茶叶品质优良。金华的婺州举岩、武阳春雨、磐安云峰、兰溪毛峰等皆在中国的名茶榜上。

从地形上看，金华为浙中丘陵盆地地形，地势总体而言南北高、中部低，"三面环山夹一川，盆地错落涵三江"，因此金华地区以沿江而建的兰溪、金华、汤溪及罗埠、洋埠和义乌佛堂一带交通最为方便，茶馆也最多。其中义乌的佛堂古镇是当地的水路交通运输枢纽，商业最为繁华。民国初，当地就有茶馆二十三家，其中声名最盛的要数盐埠头的云香、和珠、荣喜、风华等四家百年老店。它们生意极好，常常要开到深夜。当地也有些小茶馆不做深夜生意，做早起民众和进城赶集商人的生意。茶馆为了招揽客人，还常常安排茶娘陪客。曹聚仁在《兰溪——李笠翁的家乡》中记载："三十年前，兰溪城垣未拆除时，沿垣有小茶馆数百家，家家有茶娘陪客，犹如香港的点心妹。"

新中国成立后，茶馆仍旧热闹，但在 1956 年私营工商业的社会主义改造中，纷纷消亡。金华的茶馆或改为公私合营，或直接关停转业。这种情况一直持续到 20 世纪 80 年代末。到了 20 世纪 90 年代，随着集文化、休闲、娱乐功能于一体的现代茶艺馆的出现，金华茶馆重获生机。武义更香茶艺队更是因特色茶艺表演，受邀参加了 2008 年北京奥运会和中日青少年交流会等活动。

酒楼

商贸集

官办酒楼

中国的酒文化历史悠久，相传上古时期，我们的祖先就学会了酿酒的技术。《战国策·魏策二》记载："昔者，帝女令仪狄作酒而美，进之禹，禹饮而甘之，遂疏仪狄，绝旨酒。曰：'后世必有以酒亡其国者。'"虽然大禹在品尝完美酒后，担心纵酒亡国，而刻意疏远酿酒的仪狄，自己也禁酒以示天下，但这并未妨碍酒在中华大地的盛行。

中国古代的饮食店铺原先一般开设在城市居民众多的住宅区，若是山村乡野，则往往处在交通要道中心，而且多半是规模不太大的食肆。但是到了宋代，大型的酒楼出现了，尤其出现在两宋的京城汴京（今河南省开封市）和临安府（今浙江省杭州市）。这种酒楼在当时被称为"正店"，不仅规模宏大，而且设施精良。张择端在《清明上河图》中描摹出汴京熙熙攘攘的繁盛景象，街市上以高大的城楼为中心，两边房屋鳞次栉比，有茶坊、脚店、肉铺、庙宇、公廨等，其中高搭彩门的酒楼显得尤为华丽，这种酒楼在画中被称为"正店"。这些酒店普遍规模宏大，利润丰厚，几乎是都城饮食服务业的命脉所在，也在很大程度上引领着城市饮食服务业的发展方向。

随着南宋迁都临安，北方的官僚和贵族纷纷南迁。带来的不仅有北方的生活习惯，也几乎把汴京城的酒楼原模原样照搬到了临安。宋代的酒楼有的开在城门附近，有的开在瓦子、巷坊桥边，还有的开在风景名胜区左右，都是人群流动的地方。酒楼并不仅仅售卖酒水，还供应米肉、海鲜等商品。杭州及其周边地区江河湖泊众多，为酒楼提供了新鲜的水产货源。

据宋人周密的《武林旧事》载，当时临安城里的酒楼多达十余家，分别为：清河坊的和乐楼及太平楼众乐坊的中和楼、崇新门外的太和楼（又名东库）、睦亲坊北的和丰楼、鹅鸭桥东的春风楼（又名北库）、三桥南惠仙桥畔的西楼（又名金文西库）、清河坊的太平楼、涌金门外的丰乐楼、便门清水闸外的南外库、武林门外江涨桥南的北外库、九里松大路的西溪库。都是朝廷户部点检在录的酒楼。

官办酒楼，装修豪华、器具精良，客人如织。尤其到了傍晚时分，这些官办大酒楼前火树银花，车水马龙。来往者不是官员士大夫，就是饱读诗书的文人，普通的贩夫走卒是无缘进入这些地方的。

每一座官方的酒楼，其实都是一处官方的酒库。这些酒楼最热闹的日子，要数酒库开瓮呈现的时候了。各库都在清明前蒸煮做酒，中秋前开缸卖新。卖新之前各库会将酒样呈于点检所和地方州库，经品尝检查合格后方可择日开沽。

故而，每年的仲秋时节，呈酒的队伍会在酒楼前集合。全城的歌伎也会在那一天被招来，加入呈酒的队伍中，她们被分为三等：一等的梳一个高高的发髻，穿一件猩红的大氅；二等的戴一顶五色头冠，穿着花花绿绿的裙子；三等的戴单色头冠，穿衫子和裆裤。这些人加入官酒库的队伍，毫无疑问会成为当天最亮眼的风景线。不仅如此，这些大型的酒楼平时也设有官妓。周密的《武林旧事》记载："每库设官妓数十人，各有金银酒器千两，以供饮客之用。每库有祗直者数人，名曰'下番'。饮客登楼，则以名牌点唤侑樽，谓之'点花牌'。元夕，诸妓皆并番互移他库。夜卖各戴杏花冠儿，危坐花架。然名娼皆深藏邃阁，未易招呼。凡肴核杯盘，亦各随意携至库中。初无庖人，官中趁课，初不藉此，聊以粉饰太平耳。往往皆学舍士夫所据，外人未易登也。"说的就是大型官办酒楼配备官妓，但名妓皆藏于深阁之中，寻常不易见到，访客多为文人士大夫的情况。

民营酒楼

南宋时期，临安府除上述官办大酒楼外，还出现了数量众多的民办酒楼。当时的民营大酒楼无论是豪华程度还是具体数量，相较官办酒楼而言，都可以称得上丝毫不逊色。据宋人周密的《武林旧事》载，当时临安的民营大酒楼著名的有熙春楼、三元楼、赏心楼、花月楼、日新楼等十余家，遍布临安府城内各个地区。

不同于官办酒楼资质雄厚，自有官员、学子前来捧场，民营酒楼往往以优质的服务见称，经营灵活，服务周全。宋代的民营大酒店，多半分作各个小阁楼以及包厢。每楼各个小阁内各有私妓数十人，这些人才艺出众、声名远播，顾盼生辉、巧笑夺妍。每到夏季，以妖娆的身姿凭栏邀客，当时称之为"卖客"，引得一大群富有又重色的食客前来。酒楼当中，除了名妓迎客，还有"擦坐""赶趁"等行为。所谓"擦坐"，是指在食客没有招呼的情形下，小鬟自行前来歌吟弹唱；"赶趁"则是指各类歌唱杂耍之人吹箫、弹阮、奏锣板、弹琵琶等。此外，还有提供小炉炷香的老妪，世称"香婆"，又有零售糟决明、糟蟹、糟羊蹄、酒蛤蜊、虾茸、鳙干等物者，谓之"家风"，也常出现于各个民间大酒楼之中。为了吸引顾客，民营大酒楼以服务周到见称，常常是酒还未至，就已经先设看菜数碟；等到客人举杯之时则又更换菜肴。这样一来，一顿酒就会屡易其菜，酒菜愈出愈奇，菜色精美绝伦，极尽奉承之意。

宋人吴自牧的《梦粱录》卷十六《酒肆》条记载："店门首彩画欢门，设红绿杈子、绯绿帘幕，贴金红纱栀子灯，装饰厅院廊庑……约一二十步，分南北两廊，皆济楚阁儿，稳便坐席。向晚，灯烛荧煌，上下相照，浓妆妓女数十，聚于主廊横面上，以待酒客呼唤，望之宛如神仙。"吴自牧说的就是临安府的民办大酒楼三元楼的情况，那里装修豪华，灯红酒绿，回廊相继。

当时的大酒店往往有几层楼高，酒家会根据客人用酒量来决定上几层楼。如果酒菜叫得少，则只能在楼下的散客区堂食；叫得多的，才可以上楼去。《都城纪胜》对这种情况也有记载："大凡入店，不可轻易登楼上阁，恐饮燕浅短。如买酒不多，则只就楼下散坐，谓之'门床马道'。初坐定，酒家人先下看菜，问买多少，然后别换菜蔬。亦有生疏不惯人，便忽下箸，被笑多矣。"酒家根据客人的消费水平提供相应的服务，如若酒食买得少，便可能被人轻侮，若是买酒菜全套，并且召唤歌舞妓女，则备受尊重。《都城纪胜》云："大抵店肆饮酒，在人出著如何，只如食次，谓之'下汤水'；其钱少，止百钱五千者，谓之'小分下酒'。若命妓，则此辈多是虚驾骄贵，索唤高价细食，全要出著经惯，不被所侮也。"民营酒楼的等级划分竟如此严格。

酒肆

　　除上述豪华酒楼之外，浙江还有许多普通的酒店，古人称为酒肆，也叫酒家。魏晋南北朝时期，时局动荡，商品经济的发展出现了衰退的趋势。但因为酒是大众所喜爱的重要饮品，而且也是动荡局势中时人解忧抒情的重要工具，所以当时酒水的经营十分兴旺。关于酒肆的记载，屡屡见于各类典籍。如《晋书》云："道子使宫人为酒肆，沽卖于水侧，与亲昵乘船就之饮宴，以为笑乐。"这个酒肆就依水而建。

　　到了宋代，酒肆更是繁盛。这些酒肆，多为官库、子库的分店，也有专事零售的酒家。《梦粱录》"酒肆"条记载，当时的酒肆"兼卖诸般下酒，食次随意索唤"，销售内容十分随意。据《都城纪胜》载，当时有包子酒店，谓卖鹅鸭包子、四色兜子、肠血粉羹、鱼子、鱼白之类。也有宅子酒店，指店的门面在宅子里面，或者酒肆装饰得如同仕宦宅舍。也有花园酒店，这种酒店多设在城外，偶尔也有在城中效学园馆装饰而成。还有不卖下酒菜，只卖酒水的直卖店。又有售卖整盘饭菜的食店"角球店"。此外还有可以散称酒水的店肆，主打零卖零沽的散卖生意，一般规格不高，有的也提供价格低廉的酒食。

　　除上述专业卖酒的酒肆以外，还有特色型酒肆。如肥羊酒店，就是在卖酒之余，还以零卖软羊、大骨龟背、羊腿、羊肉、羊杂碎等为酒肆特色。又如庵酒店，看其名字便可知这个酒店中人以女性为主。但店中并没有尼姑坐镇，而是有娼妓在内，可以就欢。这类酒店为与其他酒肆相区别，会在门首红栀子灯上挂箬簝盖之，不论晴雨皆是如此，是以成为一个标志。其他大酒店，娼妓只伴坐而已，多以才艺为生，而这里则是酒店和

买欢的合体所在。

宋金战事以后，南宋临安城内逐渐安稳，经济发展迅速，当地物阜民丰，酒楼饭馆的水牌上菜肴丰富，丰俭由人，但凭客人点取。据《西湖老人繁胜录》载，南宋时期，一般酒肆之中，三十八个铜钱就可以点一大盘白切猪肉，量多得连一个壮汉都吃不光，便得索取荷叶进行打包。

四司六局

宋代社会的城市经济空前繁盛，尤其到了南宋时期，社会安定，民众富足。宴请会餐就慢慢变得纷繁起来，名目也越来越多，比较出名的有春宴、乡会、鹿鸣宴、同年宴等亲友聚会，寒食、清明、端午、重阳等节气假日，满月酒、祝寿宴、红白喜事等人世大事。

大户人家办这种宴会，往往不去酒楼饭馆，而是在家里办，后来为适应这种需要，就出现了专门的"宴会租赁"人员，他们上门替主家操办宴会相关的所有事项，包括茶酒、厨子、台盘、蜜饯、果盘等。这种新兴行业在南宋时逐渐流行起来，当时被称为"四司六局"。主办之家在办宴会的时候，有了这些专业人员的协助，便可轻松在家实现办宴。《武林旧事》卷六《赁物》记载："凡吉凶之事，自有所谓茶酒厨子，专任饮食请客宴席之事。凡合用之物，一切赁至，不劳余力。虽广席盛设，亦可咄嗟（顷旋）办也。"

"四司"包括：帐设司、台盘司、厨司、茶酒司。其中帐设司负责仰尘、录压、摆桌帏、搭席、放帘幕、放屏风等关于宴会环境的布置事务；台盘司负责安置桌椅、端盘上菜及碗盘清洗等；厨司负责宴会所用菜点的备菜、加料、烹饪，这个类目一般为官绅人家或巨贾富商自家所设，或者由酒楼饭店上门服务，又或由商业行会组织操办；茶酒司也叫宾客司，负责邀请宾客、迎送亲友、传语取复、送茶斟酒、送呈食物等，协助主办人家招待宾客。

除此之外，还有"六局"，分别是：果子局、蜜煎局、菜蔬局、油烛局、香药局、排办局。果子局，主要负责采买安置时新水果、南北京果、海腊肥脟等；蜜煎局，负责供应蜜饯果盘等；菜蔬局，主要负责采办新鲜蔬菜和时令新品等；油烛局则负责宴会所需的灯火照明工作；香药局，负责提供龙涎、沉脑、清福异香、香球与醒酒汤药饼儿等一系列清香之物；排办局，负责安排宴会流程，包括来客登记、安置车马轿舆、迎来送往等，还包括珠冠礼服、羽扇纶巾、馈赠食盒和吉凶器具的安排。

"四司六局"的厨师，厨艺常和各大酒楼中的大厨难分伯仲，几乎可以称得上炉火纯青。在"四司六局"新型产业的帮助下，宴会之家可以随意挑选八大菜系——浙菜、鲁菜、徽菜、湘菜、苏菜、川菜、粤菜、闽菜的任意口味，一般都可以实现。除非主家要的是特色菜肴，如郑家油饼、曹婆肉饼、梅家鹅鸭、薛家羊饭、宋五嫂鱼羹、王家乳酪、李七儿羊肉、宋小巴血肚羹等。不是专做这一类的厨师很难做得出正宗口味，这时候就得找对口的酒店饭馆专门订制了。

但由于在部分工作内容上存在重合的情况，如帐设司和排办局，台盘司和果子局、蜜煎局都在具体承办的业务内容上有一些重合，所以实际上"四司"和"六局"是存在竞争关系的。但豪富之家或者达官贵族还是习惯于两者皆雇请。而且由于这些人是外请的，对宾客与主家的关系并不了解，因此常被安排照顾一般的普通来宾。如话本《史弘肇龙虎君臣会》就讲到，越州知府大人洪内翰要宴请宾客，便找了四司六局的人来帮忙。但"那四司六局祗应供奉的人都在堂下，甚是次第"。四司六局的人负责招待的只是普通宾客；真正的贵宾，却是主人额外设席，单独宴请的。

　　一般人家只有在遇到婚嫁生死等大型宴请活动时，才会邀请四司六局来家里帮忙，但富贵人家却常年雇用四司六局为自家服务。五代孙光宪在《北梦琐言》中讲到，后蜀郡守赵雄武家里，常年养着四司六局，他家"居常不使膳夫，六局之中，各有二婢执役，当厨者十五余辈，皆着窄袖鲜洁衣装"。说的就是，他家里常年自备六局的人手，厨师更是多达十五人，因此朝廷配给他的专职厨师，他几乎不曾令其烧过菜。

杭州酒楼

　　南宋杭州的酒楼，据宋人耐得翁的《都城纪胜》、吴自牧的《梦粱录》和周密的《武林旧事》等书载，比较著名的有大和楼、西楼、和乐楼、熙春楼、三元楼、五闲楼、赏月楼、春风楼、太平楼、丰乐楼、和丰楼、中和楼、春融楼、赏新楼、双凤楼、武林园、日新楼、花月楼、银马杓、康沈店、包子酒店、宅子酒店、花园酒店、散酒店、庵酒店等。从这些店名中，我们可以想见当时杭州的酒楼盛况。

　　作为江南的古城，杭州酒业长盛不衰，不仅大街小巷里酒馆纵横，四衢八街中也逃不开酒肆，甚至乡野僻壤间也有酒坊，可闻见酒香醇厚。难怪连白居易也忍不住盛赞："红袖织绫夸柿蒂，青旗沽酒趁梨花。"清代诗人朱彝尊在《鸳鸯湖棹歌》中感叹："溪上梅花舍后开，市南新酒酿新醅。"说的也是杭州酒业之兴。

宋代的酒业富有娱乐精神。北宋从宋神宗起实施青苗法，农民向政府借贷青苗钱。当时酒业全由官酒库掌管，于是官酒库为了向农民贷钱赢利，在城内设酒肆，想方设法卖酒敛钱，如命官妓坐于肆内作乐以吸引顾客。后来虽变法失败，新法罢行，民间仍可卖酒，但官酒库卖酒的方法却被沿袭了下来。吴自牧的《梦粱录》卷十记载，当时的杭州："其诸库皆有官名角妓，就库设法卖酒。此郡风流才子，欲买一笑，则径往库内点花牌，惟意所择，但恐酒家人隐庇推托，须是亲识妓面，及以微利唤之可也。"文中的"官名角妓"是指宋代的官妓。她们以才艺在官府举行庆典、宴会时进行歌舞演出和侑觞，而在官酒库卖酒时，她们就通过歌舞吸引民众。民间的酒馆学习了这一做法，虽没有官妓，却找了民间私妓为客人歌唱侑觞。

不同于大酒楼的富丽堂皇、歌舞伴宴、饮食奢华，宋代杭州城也有一些装潢简陋的普通酒馆。比如只卖酒、不卖食物的"角球店"，又如竹栅布幕、朴实简单的"打碗头"，甚至有的酒店兼卖血脏、豆腐羹、爐螺蛳、煎豆腐、蛤蜊肉之类的东西。这些地方，便是普通平民百姓常去的小酒馆。虽没有豪华的陈设，但比那些看人下菜的大酒楼多了几许烟火气。

宋代的酒楼也是发生故事的好地方。相传宋高宗偏安杭州以后，社会经济秩序逐渐恢复。一年春天，高宗突发雅兴，乘船畅游西湖，在断桥旁的一家雅洁酒楼里，见到了一架题有《风入松》词的素屏，当时就为屏中的词气折服。只见屏上写着："一春长费买花钱，日日醉湖边。玉骢惯识西湖路，骄嘶过、沽酒楼前。红杏香中箫鼓，绿杨影里秋千。暖风十里丽人天。花压鬓云偏。画船载取春归去，余情付湖水湖烟。明日再携残酒，来寻陌上花钿。"屏下落款为俞国宝。宋高宗不知俞国宝为何人，但认为这首词写尽了西湖景物与游湖情趣，十分欣赏，并将末句"明日再携残酒"改为"明日重扶残醉"。之后他命人寻访作词者，当得知对方为太学生时，直接破格提拔，命他脱去布衣，换为官服。此事成了宋代酒楼中的一段佳话。

丰乐楼

北宋都城汴京最著名的酒楼为樊楼，又名丰乐楼。杭州的丰乐楼原称众乐亭，北宋政和七年（1117），在众乐亭旧基重新建楼，当时挂匾"耸翠"，所以又名耸翠楼。南宋时，随着政权南移，定都杭州，宋高宗见嘉兴、湖州等地连年丰收，极为高兴，所以又在耸翠楼旧址重建，重新命名为"丰乐楼"，寓与民同乐之义。

宋人周密《武林旧事》卷五记载了丰乐楼演变的大致过程："丰乐楼，旧为众乐亭，又改耸翠楼，政和中改今名。淳祐间赵京尹与懃重建，宏丽为湖山冠。又甃月池，立秋千梭门，植花木，构数亭，春时游人繁盛。旧为酒肆，后以学馆致争，但为朝绅同年会、拜乡会之地。"

文人墨客对丰乐楼极尽溢美之词，留下了许多名篇杰作。词人吴文英常去丰乐楼饮酒，他在《醉桃源·会饮丰乐楼》一词中写道："风絮晚，醉魂迷，隔城闻马嘶。落红微沁绣鸳泥。秋千教放低。"把春末在丰乐楼纵酒后的画面写得旖旎沉醉。而他的《莺啼序·丰乐楼节斋新建》以四阕词把丰乐楼的宏伟浩渺、婉转多姿写尽；登楼后面湖近山，如临仙境；宴请宾客时，吟诗作赋，画添雅趣；散会后，"高轩驷马"，但见"碧桃数点飞花"，写得让人藐视年华，顿非尘世，一气呵成，不落雕琢，使得丰乐楼的繁华与雄伟跃然纸上，并广为世人所传诵。又如赵汝愚《柳梢青·西湖》词曰："水月光中，烟霞影里，涌出楼台。空外笙箫，云间笑语，人在蓬莱。天香暗逐风回。正十里，荷花盛开。买个小舟，山南游遍，山北归来。"把夏天荷花盛开，游人如织，词人赏玩之余，喝酒归来时的那种欢畅表现得淋漓尽致。而南宋林升的《题临安邸》更是家喻户晓："山外青山楼外楼，西湖歌舞几时休？暖风熏得游人醉，直把杭州作汴州。"其中的"楼"说的也是"丰乐楼"。

淳祐九年（1249），京尹赵节斋重建之后，丰乐楼更加"瑰丽宏特，高接云霄，为湖山壮观"，这种与湖光山色融为一体的美景，吸引了成千上万的人到这里游玩喝酒。吴自牧《梦粱录》卷十二《西湖》就记录了这样的盛况："……据西湖之会，千峰连环，一碧万顷，柳汀花坞，历历栏槛间。而游桡画船，櫂讴堤唱，往往会于楼下，为游览最……帅臣赵节斋再撤新创，瑰丽宏特，高接云霄，为湖山壮丽，花木亭榭，映带参错，气象尤奇。缙绅士人，乡饮团拜，多集于此。"

丰乐楼作为都城临安第一等大型的酒店，时人称之为"正店"。店里装饰华贵奢靡，餐具精美，连酒器都是银制的。顾客也多为当时的达官贵人。洪迈《夷坚志补》卷七就描写过一则丰乐楼相关的趣事："临安市民沈一，酒拍户也。居官巷，自开酒庐，又扑买钱塘门外丰乐楼库，日往监沽，逼暮则还家。淳熙初，当春夏之交，来饮者多。一日，不克归，就宿于库。将二鼓，忽有大舫泊湖岸，贵公子五人，挟姬姜十数辈，径诣楼下，唤酒仆，问何人在此，仆以沈告，客甚喜，招相见，多索酒，沈接续侍奉之。纵饮楼上，歌童舞女，丝管喧沸，不觉罄百樽。饮罢，夜已阑，偿酒直，郑重致谢。"

沈生贪而黠，知其为神通，就求索更多钱财，客授以银囊，待得回家，家里柜中却空空然。洪迈虽定之以"神以其贪痴，故侮之耳"，将故事解释为神明报应之类，但其中贵公子的做派，却实在不失为宋代豪门大族的浮光掠影。

武林园

武林园为南宋时期杭州的另外一家著名酒馆。这个酒馆铺面装修非常讲究，雕梁画栋，富丽堂皇。栀子灯也是用绿色的纱帘搭配红色的撞色配置，营造一种明丽醒目的感觉。

园子里面更是回廊曲折，灯火辉煌，艺伎们身姿婀娜窈窕，唱腔婉转，舞姿动人，乐器手艺娴熟。食客到了这里，仿若进入了人间仙境。

宋人吴自牧在《梦粱录》中对此做了详细记述："（杭州）中瓦子前武林园，向是三园楼康、沈家在此开沽。店门首彩画欢门，设红绿杈子，绯绿帘幕，贴金红纱栀子灯，装饰厅院廊庑，花木森茂，酒座潇洒。但此店入其门，一直主廊，约一二十步，分南北两廊，皆济楚阁儿，稳便坐席。向晚灯烛荧煌，上下相照，浓妆妓女数十，聚于主廊槏面上，以待酒客呼唤，望之宛如神仙。"

楼外楼

楼外楼是清道光二十八年（1848）洪瑞堂在杭州创办的一

家著名餐馆，今天杭州叫得上名称的大部分名菜都出自他们家。传说"西湖醋鱼何处美，独数杭州楼外楼"。它坐落在西湖北面的孤山脚下，与众多西湖名胜景点相毗邻。"一楼风月当酣饮，十里湖山豁醉眸"，楼中的这副楹联，说的就是楼外楼与西湖山水浑然一体的地理环境。

　　创始人洪瑞堂原是绍兴的一个读书人，来到杭州后，科举落第，仕途无望，转而开了一个酒店。店名来源于南宋诗人林升的诗句"山外青山楼外楼"，洪瑞堂从中取了三个字，便将自己的小店命名为"楼外楼"。酒楼成立后，洪瑞堂请了很多著名的厨师来掌勺，一时之间佳肴迭出，像西湖醋鱼、宋嫂鱼羹、蜜汁火方等独具一格的风味美食，成了楼外楼的招牌菜，引得许多顾客慕名前来。

杭州人甚至有种习俗，凡有宾客来访，都会带到楼外楼品味正宗的杭帮菜。外地游人逛完西湖后，也会去楼外楼感受一下杭帮菜的风韵，似乎不去楼外楼，就不算真正领略过杭州的特色佳肴。

新中国成立前，孙中山、宋庆龄、鲁迅、竺可桢、马寅初、马一浮、吴昌硕、俞曲园等人都曾是楼外楼的座上宾。他们不仅在那里用餐，而且在品味菜肴后泼墨挥毫，留下自己的墨宝。新中国成立以后，周恩来、陈毅、贺龙等革命家也曾多次到楼外楼用餐，丰子恺、潘天寿、吴湖帆、江寒汀、赵朴初、唐云等人更是常客，经常在那里现场题诗作画。

楼外楼如今依旧伫立在孤山路上，南临西湖，北依孤山，成为拥有一百七十余年悠久历史的老店，像一颗璀璨的明珠镶嵌在这湖光山色之中，尤其到了晚上，楼外楼灯火辉煌，在夜色中熠熠生辉。不过相比以前的游客，只有到了西湖，才能一尝楼外楼的美食，今天的游客就要幸运得多，因为楼外楼在杭州开出了许多分店，即使人在西溪湿地、潮王路上、大关商圈也照样有机会品一品楼外楼的滋味。

山外山

山外山菜馆与楼外楼相比，创始时间略晚一些，建于1903年。但它们的命名却都来源于同一句诗，即林升的《题临安邸》"山外青山楼外楼"句。"山外山"的前身是"鼎园处"，清朝光绪二十九年（1903年）倪鼎园先生在灵隐创立了"鼎园处"菜馆，它是当年灵隐地区最早创立的食府，素有"灵隐食府鼻祖"之称。"鼎园处"地处灵隐大门口，就地采办野味、山笋、鲜河虾、马兰、荠菜等新鲜自然材料方便，所烹制的菜肴又带有天然山水的鲜灵之气，很受香客和一些文人雅士的欢迎。著名学者马寅初、江南活武松盖叫天、六龄童等人都是菜馆的常客。当时"鼎园处"最擅长的菜肴有炒虾仁、炒虾腰、醉虾、栗子炒子鸡、春笋步鱼、雪中得宝、芙蓉鸡片等。当年"鼎园处"大门口有对联："座上客常满；杯中酒不留。"堂口的对联"鼎鼎调和常满座，园林峰位娱嘉宾"，就是当年"鼎园处"生意和周围环境的写照。

民国初年，"鼎园处"由第二代传人、倪鼎园之子倪永廉继承。根据老顾客建议，经几年反复推敲，"鼎园处"更名"山外山"。

山外山菜馆位于杭州植物园内，背靠青龙山，面临山水园，左边依着玉泉池，右边就是植物园的草木山水。整个酒店就在这绿树成荫、鸟语花香的环境中，与西湖也不过一畔之隔。正是得益于如此得天独厚的自然环境和它颇具特色的美食，山外山也成了蜚声海内外的著名杭帮菜馆。但与楼外楼以西湖醋鱼、宋嫂鱼羹等菜闻名天下不同，山外山虽也以做鱼出名，其中最受顾客欢迎的精品菜"八宝鱼头王"却并不以杭州城里产的鱼作为材料，相反它独树一帜，首创引入千岛湖的有机鱼，将千岛湖肥美鲜嫩的鱼头王，配上小鲍鱼、海参、菌菇、鱼丸等辅料熬出浓郁鲜美的汤汁，一口下肚，醇香浓厚，简直让人回味无穷，难怪山外山有"杭城第一家"的美誉。这个菜馆以追求自然品质为特色，一边积极推广杭州传统名菜系列，一边不断发掘新鲜丰富的食材，以自然新鲜的食材激发传统菜肴的新魅力。

山外山菜馆的分店名为林语花园餐厅，位于杭州植物园大门口的牌楼旁，也是一色林森清幽，绿荫拂面，远远望去仿佛是一座风雅别墅，玲珑剔透。食客身在其中，可以同样感受到远离尘嚣喧杂的清净与安宁。室内的装潢风格也与这样的情调相匹配，处处透露着幽静与精致的品位，成为宴请、饮茶、休闲的合适场所。

天外天

天外天创建于 1910 年，与楼外楼、山外山一起并称为"西湖三大名菜馆"。天外天酒店位于杭州灵隐飞来峰下，此处青山似黛，碧溪如织，绿荫经年累月，渐渐高耸如盖，遮天蔽日，加上梵音呗唱、香烛缭绕，别有一番不同于市区的清幽淡雅。

因来往灵隐的游客多以香客为主，他们为着上香祈福而来，往往沐浴斋戒，不食荤腥。鉴于这样不食人间烟火的地理环境和出尘绝俗的顾客人群，天外天的定位也以替香客提供恰当的饮食服务为主要目标。因此天外天最擅长的菜色是素斋，其独到的品位和精湛的厨艺，深受灵隐香客的喜爱。

但这并不表示天外天就不制作荤菜，事实上，天外天是杭帮菜"龙井虾仁"的发源地之一。美食家高阳在《古今食事》里曾说道："翁同龢创制了一道龙井虾仁，即西湖龙井茶叶炒虾仁，真堪与蓬房鱼匹配。"到底是不是翁同龢创制了这个菜品还有待进一步考证，但杭州城里却流传着一个比这说法更家喻户晓的传说。相传，乾隆皇帝下江南，到杭州微服私访，在一家店喝到一杯龙井新茶，深感清香可口。后店伙计看到乾隆内着的龙袍外露一角，惊讶不胜，急忙告诉店主。当时店主正在烹调虾仁，闻言一惊，慌乱中竟把店伙计手中的茶叶当作葱末撒到锅内。没想到茶叶的翠绿配上虾仁的莹白，竟然碰撞出一种前所未有的独特清香，连吃惯满汉全席的乾隆都连连点头称好。从此龙井虾仁这道菜便流传开来。天外天得灵隐不染尘俗之芽茶，配上独到的烹制手法，做出来的龙井虾仁让人清口开胃，齿颊生香，可称一绝。

除了龙井虾仁之外，天外天的桂花鲜栗羹，也是海内闻名。相传唐朝年间，某个中秋之夜，月色如水。寂寞的嫦娥在广寒宫中见到杭州西湖风景犹如天堂，游人尽情欢乐，禁不住舒袖展颜，翩翩起舞。吴刚手击桂树为她伴奏，于是"天香桂子落纷纷"。灵隐寺中的德明师傅此时正在厨房烧栗子粥，这无数的桂花飘落粥中，做出来的粥香甜软糯，引得众僧纷纷叫好。德明师傅高兴，便把散落在地上的桂子拾起来种在山上。很快这些桂子就落木成林，桂花飘香了。从此西湖四周每到金秋时节，就有了沁人心脾的桂花香。柳永说的"三秋桂子，十里荷花"，咏的就是杭州的景象。天外天的桂花栗子粥经过不断改进，取用酒店周围的桂花做原料，配上当季的板栗，红黄绿白，色彩绚丽，栗子脆嫩，桂花芳香，羹汁稠浓，清甜适口。

知味观

知味观创立于 1913 年，那一年绍兴人孙翼斋与友人义阿二两人出资在杭州湖滨仁和路摆了一个馄饨摊，然而生意并不理想。孙翼斋从《礼记·中庸》中的"人莫不饮食也，鲜能知味也"中得到启发，写下八个大字"欲知其味，观料便知"，贴在摊旁。果然吸引了不少市民前来品尝，从此生意兴隆。后来孙翼斋自己开店，就从八字中取其三字，名为"知味观"，名噪一时，宾客纷至。

知味观以做馄饨起家，它家的馄饨造型挺括，肉鲜皮薄，汤清料丰，尤其是配料讲究，现做现卖。经营品种从鲜肉馄饨、鸡皮馄饨、虾仁馄饨到小汤团、鲜肉汤团、百果汤团、各式烧卖、汤包、炒面、油包、蟹壳黄、春卷、幸福双、酥油饼等，并不断扩充。烧制方法又从汤吃增加到蒸吃、煎吃、炸吃等，五花八门，生意也越做越大。

原本知味观只提供点心，不久，知味观又经营杭帮大菜，其中以"西湖醋鱼""龙井虾仁""叫化童鸡""西湖莼菜汤"最为出名，逐渐发展成杭州最知名的餐饮企业之一。

在知味观琳琅满目的菜肴之中又以招牌杭州小笼、猫耳朵最具特色。知味小笼在烹调时，选用发酵精白面粉作皮，用鲜肉或鲜肉拌虾仁为馅，在馅料中加入肉皮冻，包好后放入特制小蒸笼，用急火蒸制。用这种方法制成的小笼，皮薄馅大，一口咬下去就可以品尝到小笼包内浓郁的肉汁，咀嚼之后香鲜肥嫩，满口留香。相传乾隆皇帝下江南的时候，忽然遇到大雨，久而不停，就问街边的卖鱼翁是否有吃食，卖鱼翁回答没有擀面杖，没有办法制成面条。这时他的孙女走上前来说她可以制作吃食，便将面团掰成一个一个小面块，下入锅中，煮熟之后浇上鲜虾卤汁端给乾隆品尝。乾隆品尝之后，十分喜爱，便问小姑娘这道面点的名称，小姑娘回答道："猫耳朵。"猫耳朵自此成名。知味观将猫耳朵精心制作，配上虾仁、火腿丁、香菇、鸡丁等，再以醇香浓厚的高汤打底，渐渐地，就成了店里的一道招牌点心。

如今，知味观被商务部认定为中国首批十大餐饮品牌企业之一，它以自身独特的风味点心、正宗的杭帮菜肴和上乘的服务质量获得了中国乃至海外的知名度，成为众多游客心目中的美食天堂。

九芝斋

九芝斋始创于 1925 年，由稻香春茶食店老板唐达壮出资筹办。九芝斋原址位于杭州中山中路羊坝头上。相传羊坝头一带古时滨海，杭州百姓为了抵御海潮侵袭城市，在此修堤筑坝，所以羊坝头原先称为洋坝，也叫洋坝头。随着历史地理的变迁，百姓填海造田，堤坝渐渐往外推移。原来的洋坝头渐渐与海洋再无关系，成为一个商品聚集地，于是逐渐讹作羊坝头。到了南宋迁都杭州之后，御街从此一穿而过，羊坝头变得更是热闹，一跃成为杭州的商业中心。明朝时，羊坝头延续宋时的繁荣，又成为蔬菜鱼肉等农产品的集市贸易之地。到了民国时期，羊坝头店铺林立、车水马龙，已然是杭州最繁华的货物商贸集散地。九芝斋选址于此，就是看中了此地的客流量。

九芝斋与采芝斋、颐香斋、叶受和、五味和并称为杭城的"三斋二和"，是杭州最著名的食品商店之一。在杭州几乎可以称得上无人不知，无人不晓。九芝斋店里以中式糕点为主，也生产各类苏式蜜饯，品种齐全，种类繁多。如九芝斋的榨菜鲜肉月饼就非常有名，个头比其他店大一点，馅料也用得足，咸香可口，深受顾客们的喜爱。尤其是中秋临近之时，生意非常火爆，现烤现做，趁热就吃，口感极好。店里也卖西式糕点，但相比之下，就没有中式糕点这么有特色了。

奎元馆

奎元馆于清同治六年（1867）在杭州创办，距今已有一百五十余年。该店几易其主，创办人的姓名也已不可详考，只知道籍贯似乎是安徽的。唯一不变的是，经历了那么多的变迁，这个店的主营业务仍然是面条。

据传，奎元馆原来没什么名气，只是一个普通的小面馆。有一天店里来了一个从外地来杭州赶考的穷秀才，迫于囊中羞涩，这个读书人进店之后，只要了一碗清汤面。店老板怜其寒酸，感其勤苦，特意在面底下藏了三只"囫囵蛋"，寓意"连中三元"。事后，老板很快淡忘了这件事情。没想到，当年这位穷书生离开面馆之后，居然真的连中三元。为了感念老板当年三只"囫囵蛋"的鼓励之恩，这个年轻人重新来到了店里，落座后只点了一碗清汤面。见到老板疑惑，年轻人提醒他："底下放三只'囫囵蛋'。"老板闻声大悟，连连作揖庆贺："相公果然高中了。"于是拿出好酒好菜款待这位新的状元爷，并请求他留下墨宝作为镇店之宝。这个年轻人便提笔写下"魁元馆"三字。老板将这三字做成招牌，从此店里生意日益兴隆。尤其是读书人，都喜欢到这个店里吃一碗面，渴望沾一沾那位连中三元状元郎的才气。后来"魁元馆"数易其主，有一任老板嫌"魁"字有鬼旁，就改为了同音字"奎"，一直沿用至今。

民国初年，店主变成了宁波人李山林，在他的经营下，面馆由徽式改为宁式，开始经营以鲜咸合一、软滑鲜嫩、原味见长为特点的甬式大面。这里的面被称为"坐面"，烧而不糊，韧而滑口，吃起来特别筋道。

奎元馆面条的品种多达一百五十多种，但要说招牌的话，还是非片儿川和虾爆鳝面莫属。片儿川的配料相传是得了宋朝诗人苏东坡的启发。他在杭州做地方官时，在《於潜僧绿筠轩》一诗中写道："无肉令人瘦，无竹令人俗。"杭州的厨师们从中得到灵感，将肉片和笋片结合在一起，再加上一些咸菜，便成了杭州人口中鲜香入味的"片儿川"。虾爆鳝面则选用鲜活的黄鳝，斩头截尾剔骨后切成鳝片，再用素油和荤油爆炒，麻油浇淋，直至鳝片黄脆。从而使鳝鱼外皮有一点酥脆，但里面鳝肉酥软，保持鳝鱼的本色味道不变，再加上鲜活的大河虾洗净加蛋清上浆清炒至白嫩，不黏不糊，原汁煮面，使面条吸入鳝鱼的香味，又有河虾的鲜美，汁浓面鲜，回味隽永。难怪金庸先生都盛赞："杭州奎元馆，面点天下冠！"

状元馆

状元馆创办于清同治九年（1870），由浙江宁波人王尚荣创办。当时，浙江省举行科举考试的贡院设在今杭州高级中学一带，也就是盐桥附近。他就在杭州盐桥边开设了一家宁式面馆，以现点现烧各式汤面为主，也兼营酒水炒菜。参加科举的人"三年二考"，被县考录取的秀才都要再参加省考搏一搏，以期晋级举人。这些秀才大都来自浙江省内各个市县，考试前后各路学子在贡院附近的面菜馆相聚。莘莘学子，十年苦读，最关心的当然就是科举功名问题。店主王尚荣为了迎合秀才们求吉图名的心态，特地在店内设立馆座，供学子谈文论道。相传有个宁波考生来杭州赶考，曾到这个面馆用餐，然后就高中状元，因此就题写了"状元馆"的匾额给予店主，以示感谢。状元馆也因此而得名。

王尚荣经营状元馆长达四十年左右，在他的操持下，店里的生意一直兴盛不衰。后来，王尚荣由于年事已高，便将状元馆交给他的外孙王凤春继承经营。清宣统三年（1911），也即辛亥革命前夕，盐桥附近客流逐渐减少，市面渐趋冷落，状元馆也

没有早先的热闹。为重振雄风，王凤春将"状元馆"迁移至望仙桥直街板儿巷口营业。1937年，抗日战争全面爆发，杭州城里的各行各业都陷入了停顿状态，状元馆也因战争的缘故而停业。1938年，各行各业为了谋求生存与发展，又陆续恢复营业。同年10月，王凤春之子王金奎子承父业，决定重开"状元馆"。他在清河坊附近觅得新址，再次挂牌营业。

新中国成立后，状元馆也发生了一些改变。1956年，状元馆实行公私合营。到了1957年，状元馆又与原贞昌、永乐园、望仙馆等酒店合并重组，重组后的酒楼也仍叫作"状元馆"。1963年，为了反资本主义、封建主义，状元馆改名为"甬江饮食店"。1985年"甬江饮食店"恢复"状元馆"的原名，一直沿用至今。

如今，历经一百五十余年的历史洗涤后，状元馆依旧矗立在河坊街85号，并且其中的虾仁爆鳝面、红烧黄鱼面、蟹壳黄炒面等经典面品，成为杭州的"金牌名点"。

天香楼

　　天香楼大酒店创办于 1927 年，由苏州人陆冷年出资创建。陆冷年的祖父陆川江清末时原为苏州知府，后来在民国初年迁居杭州。陆冷年随着家人一起来到杭州，想着在杭州开办酒店，便邀请书生学士一起为酒店起名字。有个读书人从唐代诗人宋之问《灵隐寺》一诗的名句"桂子月中落，天香云外飘"中想到了"天香"二字。陆冷年听后大为赞赏，店名便就此定下。据传，陆冷年当年还出重金酬谢了这名为"天香楼"起名的书生。

　　然而天香楼在开业之初，生意却并不是特别好。为了扭转局势，他进行了多方考察。后来发现来杭州的游客喜欢购买西湖特产，便决定将酒店定位为杭州风味，并改名为武津天香楼。与此同时，陆冷年高价聘请杭州的知名厨师，搜集各种杭帮菜菜谱，钻研富有杭州特色的风味佳肴，逐渐办出了自己的特色。

　　1929 年，杭州举办了西湖博览会，国内外宾客纷纷到来。大量游客涌入天香楼，这里的杭帮菜获得了大家的赞誉。此后，天香楼规模不断扩大，将分店开到了上海、香港。直至今日，世界各地仍有很多餐馆沿用天香楼的招牌。杭州特色菜香飘万里，走到了香港、东南亚，乃至欧美等国家和地区。有人誉之为"国色天香"，也有人称"天下第一香"。

　　1931 年，陆冷年聘请了杭州饮食业行家孟永泰帮忙经营。数年之后，陆冷年又将"天香楼"直接盘给了孟永泰。孟永泰经营灵活，观察入微。他发现店里的顾客多为上海人，便根据上海人的饮食喜好进行钻研，开发新菜品。新菜品以鱼、虾、蟹、鸡、鸭等新鲜食材为原料，主打清鲜脆嫩，原汁原味，很符合上海游客的口味。同时他延请川、徽、苏菜的厨师，开发地方特色菜肴，以更广泛地迎合各地游客。此外，他不惜花重金整修门面，提升酒店档次，如在门厅建起玻璃养鱼池，通过活杀现烹吸引顾客。此外他还创建了自己的蔬菜、家禽基地，形成一条龙的供应链服务体系。后来家电出现，天香楼又是全杭州第一家购置电冰箱的菜馆。每到夏令时节，天香楼就自制"冰豆腐"供应食客，一时之间杭城震动。"要划船，西湖六码头；要吃菜，杭州天香楼"的俚语不胫而走。

天香楼原址设在教仁街（今邮电路）南侧，1956年迁至解放路井亭桥边的闹市区，1981年原楼改造扩建成三层楼，成为面积两千余平方米，一次可接待一千余宾客的大型酒店。多年以来，天香楼坚持薄利多销，认真听取顾客意见，走出杭州，名扬海内外。

如今，杭州的天香楼以经营杭帮菜而闻名于世，东坡肉、西湖醋鱼、龙井虾仁、叫化童鸡、干炸响铃、油焖春笋、鲜栗炒子鸡、春笋炒步鱼、火踵神仙鸭等均为这里的招牌菜。

旅游

商贸集

旅游历史

我国的旅游活动历史悠久。早在先秦时期，就有关于人类旅游的记载。《庄子·天地》云："黄帝游乎赤水之北，登乎昆仑之丘而南望，还归，遗其玄珠。"黄帝北游赤水，西登昆仑虽属于神话传说，但这份记载已经包含了旅游的基本事迹。西晋武帝太康二年（281）汲县出土的竹书《穆天子传》则记载了周穆王率领七萃之士，从宗周出发，渡过黄河，北越太行山，经由河套，然后折而向西，穿越今甘肃、青海，到达西王母之邦，和西王母宴饮酬酢的故事。故事虽然依旧有传奇不经的成分，但具体地理位置的详细风俗状貌却是不容置疑的。而孔子带领学生周游列国，推广学说，尽管其说终不得用，但是赴各国旅游的经历却是结结实实的实践体验，更因此得出了"知者乐水，仁者乐山"的感悟。后世的文人纷纷开展"游学"式旅游，大概就是渊源于此。

秦始皇统一六国后，五次巡游，既有宣扬皇威、巩固统治的政治目的，实际上也一定程度地促进了疆域之内各个地区之间的文化交流，加强了国人对自然景观的认识。

汉武帝时期，张骞两次出使西域，开辟了著名的丝绸之路。这条连接中国与中亚、西亚及欧洲的贸易通道，不仅促进了商业往来，也吸引了众多商人、僧侣和探险者，成为具有世界影响力的旅游线路。著名史学家司马迁写作《史记》之前，曾畅游天下。他从京师长安出发，出武关至宛，南下襄樊到江陵；渡江，再溯沅水至湘西，然后折向东南到今湖南永州的九嶷山；又北上长沙，沿汨罗江凭吊屈原投江处；再过洞庭，下长江，顺流而下，考禹疏九江之路，辗转到钱塘、会稽，探寻大禹陵；再北上至吴国旧地，游春申君宫室旧址，上姑苏而望五湖；然后渡江北上，历淮阴而至临淄、曲阜，考察曲阜孔鲁遗风；再经楚汉曾经的战场而回长安，几乎遍访当时全国各地的名胜古迹。这种游历的风尚在后世文人士子中流传开来。

　　两晋到唐代，中国传统旅游业逐渐繁荣起来。陶渊明、谢灵运、王羲之等人，都是自然风光的爱好者和山水旅游的践行家。陶渊明在《归园田居五首》其一中写有"少无适俗韵，性本爱丘山"，常常游历于山水之间。谢灵运不仅在旅途中创作了大量诗文，甚至为了应对上山下坡的不便，发明了爬山专用鞋——康乐屐。值得一提的是，这个时期，佛教事业获得了空前发展，寺庙旅游也由此兴盛。杨衒之在《洛阳伽蓝记》中不仅将寺庙的建筑描绘得美轮美奂，还把人们游览寺庙和寺院举行的活动都记载了下来。这些记录成功激起了世人探索寺庙的兴趣，也在实际上成了人们游历洛阳寺庙的"导游手册"。寺庙经济和道观旅游自此肇始。唐代诗人李白年轻时曾到浙江旅游，写下了大量歌咏浙江风貌的诗文，晚年不能重游浙江的时候，还写下《梦游天姥吟留别》："我欲因之梦吴越，一夜飞度镜湖月。湖月照我影，送我至剡溪。"这样悱恻难忘，李白对浙江旅游的痴迷程度由此可见一斑。

　　到了宋代，中国的经济发展到了一个新的高度，商品经济更是达到了前所未有的水平。原本将商业区和居住区分开的坊市制度也在这个时期被完全打破，商品交易的时间亦不再受限制。这一切为旅游业的发展提供了充分的物质条件。与此同时，宋朝政府加大了城市建设的投入，尤其在营造节假日喜庆、欢乐的氛围方面更是不遗余力，包括开凿金明池、开放琼林苑、开办元宵灯会等。辛弃疾在《青玉案·元夕》中描绘的场景"东风夜放花千树，更吹落、星如雨。宝马雕车香满路。凤箫声动，玉壶光转，一夜鱼龙舞"，说的就是当时的元宵灯会。在这样的环境下，城市旅游业迅速兴起，旅游的参与者不断增多，旅游开始从贵族文人向社会中下层平民延伸。《洛阳牡丹记》中出现了"乡人扶老携幼，不远千里"赴洛阳赏花的情景。宋人吴自牧的《梦粱录》卷一《八日祠山圣诞》则记载云："至如贫者，亦解质借兑，带妻挟子，竟日嬉游，不醉不归。"旅游不再是达官贵族和富人的游戏，平民百姓也加入了旅游的队伍之中。

此后元、明、清三代，在宋代的基础上，进一步丰富了旅游的内容，拓展了旅游的形式。马可·波罗十七岁时跟着父亲和叔叔来到了中国，回去之后出版了号称"世界一大奇书"的《马可·波罗行纪》。他在书中盛赞中国的繁荣昌盛，包括发达的工商业、繁华热闹的市集、华美廉价的丝绸锦缎、宏伟壮观的都城、完善方便的驿道交通、普遍流通的纸币等。这是人类史上西方人感知东方的第一部著作，它向整个欧洲打开了神秘的东方之门，热衷探险旅游的欧洲人跃跃欲试。因此从元代开始，中国出现了比较频繁的国际旅游，外国旅游者来华人数与频次逐渐增多。1840 年鸦片战争之后，中国的国门被打开，外国人在中国设立大量的通商口岸。对应地，大量外国人涌入中国，其中既有掠夺者，也不乏旅行家。

浙江拥有大量山、水、岩、洞之类的自然资源和寺观、园林、亭台、楼阁以及古迹之类的人文资源，自然成为众多旅行家的梦想之地。随着京杭大运河的开通，浙江地区的交通更加便利，李白、白居易、欧阳修、苏轼、林逋、陆游、范成大、朱熹等人都留下了大量歌咏浙江的诗词佳作，促进了浙江旅游业的发展。

旅游业的发展，势必会带来旅馆需求的增长。宋时，浙江就出现了各种不同规模的馆舍。旅店不仅数量多、分布广，而且经营方式灵活，有的店家直营，也有的雇用专业的从业者代为经营。当时，虽然旅游交通工具仍然是船、车、轿、马、驴等传统类型，但却出现了目的地交通工具租赁业，比如西湖上游船的出租业就非常发达。"导游"一词也是从宋代开始出现的，不仅表明当时出现了专业引导游客感受山水之美，解决旅途中可能出现的突发事件，帮助游客解决食、宿、行等方面问题的从业人员，也说明旅游业在当时获得了进一步细化发展。

旅游业的发展，从市政经济的发展来看，解决了一部分城乡居民的就业问题，成为那些居民的主要生活来源，也为社会创造了一定的财政收益。当然旅游带来的人口流动，也增加了政府的管理难度。而从个体角度而言，则每个人都可以有自己不同的定义：或者是感受异地异域文化的风情，增长见识阅历；或者是放松自己，排遣不得志时的烦闷焦虑；或者纯粹做一个旁观者，观赏他人的生活，感悟人生差别。歌德说："人之所以爱旅行，不是为了抵达目的地，而是为了享受旅途中的种种乐趣。"浙江凭借秀美山川的自然风情和洞天福地的人文景观，成为许多人向往的旅行胜地。

西湖旅游

杭州西湖原名明圣湖，因为地属钱塘，故而又名钱塘湖，又因位于临安（今杭州）城区之西，又名西湖。西湖南、西、北三面环山，东部为原主城区，南面与钱塘江隔山相邻。田汝成在《西湖游览志》卷一《西湖总叙》中是这样描述的："南北诸山，峥嵘回绕，汇为西湖，泄恶停深，皎洁圆莹，若练若镜，若双龙交度，而颔下夜明之珠，抱悬不释；若莲萼层敷，衬瓣庄严，而馥郁花心，含让甘露。是以天然妙境，无事雕饰，觌之者心旷神怡，游之者毕景留恋。信蓬阆之别墅，宇内所稀觏者也。"西湖的自然风景，犹如双龙交珠，得天独厚。

然而在隋代之前，杭州西湖并不知名。当时西湖水利设施尚未完善，水患灾害还时有发生。隋朝京杭大运河的开通，不仅为杭州带来了便利的交通，促进了南北经济交流和发展，也为西湖旅游的兴起提供了基础条件。

杭州由于地近江海，水质苦咸，不能饮用。百姓只能到西湖取水，生活十分不便。唐德宗时李泌任杭州刺史，组织人力在今湖滨一带凿"六井"（相国井、西井、金牛池、方井、白龟池、小方井），引西湖水入城，方便民众取水。白居易在杭州任刺史时，曾盛赞其行。他在《钱塘湖石记》中云："其郭中六井，李泌相公典郡日所作，甚利于人。"长庆二年，白居易主持疏浚西湖，用湖泥兴筑长堤，不仅如此，他还写下众多赞美西湖的诗篇，自此西湖声名鹊起。

吴越国建都杭州，钱镠王修建捍海塘，兴建佛寺和石塔，设"撩湖兵"千人专事浚湖，对西湖进行了大规模的整治和建设，进一步奠定了西湖景观形成的基础。

北宋时期，社会经济繁荣，文化昌盛。苏轼任杭州知州时动员百姓疏浚西湖，并用挖出来的葑草和淤泥堆筑起苏堤，写下众多赞美西湖的诗词，"西湖"之名逐渐取代原来的"钱塘湖"。到了南宋时期，临安知府赵与筹疏浚西湖，修建的堤坝人称赵公堤。西湖增加了大量建筑物，开始全面园林化，形成庞大的风景名胜区，"西湖十景"也在这个时期形成与完善。

到了元代，西湖之美已经名扬天下，"西湖十景"广为人知。文人墨客纷至沓来，留下了许多诗词佳作。意大利旅行家马可·波罗在游记中对杭州赞誉有加，称杭州为世界上最美丽华贵之城，西湖便是这美丽华城中的明珠。从此西湖驰名世界。

明代时，西湖风景区得到进一步整治，苏堤、白堤得到更好的修缮。杨孟瑛主持疏浚西湖，他仿效苏轼筑堤行为，留下了"杨公堤"。西湖中二岛也已形成，周边灵隐寺、净慈寺、昭庆寺与岳飞墓庙等古迹也在那时得以重建。西湖旅游活动日益丰富，出现了名目繁多的西湖画舫，而且还增加了龙舟竞渡、钱江观潮、赏花赏月、拜佛进香等活动。

清代康熙帝多次南巡，御题西湖十景，并刻碑建亭。乾隆帝六下江南，吟花弄月赏景之余，品题赋诗，形成了西湖"二十四景"。君王的欣赏与推崇对西湖旅游业产生了积极影响，旅游设施进一步完善，西湖上游船品种进一步增多，西湖边文化娱乐设施星罗棋布，茶馆、酒楼和旅游纪念品商场等不断涌现。

近代以来，西湖旅游服务设施逐渐完善，新型交通工具逐渐兴起，在设置了独立的旅游机构后，西湖景点更加丰富，旅游线路也多有增加，旅游指南类书籍大量出现。1929年，杭州举办了西湖博览会，展示杭州的风土人情和旅游资源，吸引了大量国内外游客，促进了西湖旅游的发展。

西湖之所以有如此深远的影响力，除了拥有仿若仙境的自然景色和金碧辉煌的娱乐场所，还因为它的游乐不分层次，能够满足不同阶层旅游者的爱好和需求。它有画舫游船、亭台楼阁等诗情画意的地方，可以满足高僧逸士的雅致需求，也有龙舟彩旗、欢歌箫鼓等热闹喧嚣的景象，可以满足普通人的娱乐追求。另外，整个西湖就是一个大舞台，西湖边长年累月的吹拉弹唱、杂剧、泥丸、鼓板、投壶、花弹、蹴鞠、分茶、弄水、踏混木、拨盆、杂艺等活动，使得来西湖的游人几乎从来不会感到寂寞。无论晴空万里，还是风雨如晦，西湖边永远摩肩接踵，人头攒动。周密的《武林旧事》卷三《西湖游幸》记载："西湖天下景，朝昏晴雨，四序总宜。杭人亦无时而不游，而春游特盛焉。承平时，头船如大绿、间绿、十样锦、百花、宝胜、明玉之类，何翅百余。其次则不计其数，皆华丽雅靓，夸奇竞好。而都人凡缔姻、赛社、会亲、送葬、经会、献神、仕宦、恩赏之经营、禁省台府之嘱托，贵珰要地，大贾豪民，买笑千金，呼卢百万，以至痴騃子，密约幽期，无不在焉。日靡金钱，靡有纪极。故杭谚有'销金锅儿'之号，此语不为过也。"这样的景象，连苏轼也不能免俗，他在《怀西湖寄晁美叔同年》中写道："西湖天下景，游者无愚贤。深浅随所得，谁能识其全。"

西湖边游人如织，加上南宋时期，杭州乃都城所在。尽管当时南宋版图比不上北宋，但是都城的繁华却有过之而无不及，民物康阜的程度甚至可以说是十倍于开封府。加上杭州是浙江的商贸中心，客贩往来十分频繁。这一切都带来了对旅馆业的旺盛需求，尤以贡院和三桥附近为最。

绍兴旅游

绍兴市的文明起源于新石器时代中期的小黄山文化，距今已有大约 9000 年的历史。古越国都城建于公元前 490 年，距今也已有 2500 多年的历史。南宋时宋高宗赵构取"绍奕世之宏休，兴百年之丕绪"之意，将之命名为"绍兴"。绍兴景点众多，兼具自然风光和人文景观。既有以湖宽面阔、水势浩渺而闻名的鉴湖，也有因王羲之居住地和鹅池碑林而知世的兰亭，还有大禹陵、沈园等名胜之处，绍兴自古就是旅游胜地。

鉴湖原名镜湖，相传因黄帝铸镜于此而得名，俗称长湖、大湖、庆湖、贺鉴湖，位于浙江省绍兴市南部（今属柯桥区），是我国长江以南著名的水利工程，也是古代越州（今绍兴）的一个旅游胜地。鉴湖水质特佳，驰名中外的绍兴黄酒就是用鉴湖水酿造而成的。

鉴湖是许多文人墨客热爱的旅游胜地。对于宋代的秦观而言，鉴湖、兰亭和梅市的书摊都是绍兴让他流连之处。他在《望海潮·秦峰苍翠》中写道："梅市旧书，兰亭古墨，依稀风韵生秋。狂客鉴湖头，有百年台沼，终日夷犹。最好金龟换酒，相与醉沧州。"苏轼也在《孙莘老求墨妙亭诗》中说："兰亭茧纸入昭陵，世间遗迹犹龙腾。"元代的张可久一而再，再而三地咏叹镜湖。如在《小桃红·寄鉴湖诸友》中云："一城秋雨豆花凉，闲倚平山望。不似年时鉴湖上，锦云香，采莲人语荷花荡。西风雁行，清溪渔唱，吹恨入沧浪。"又在《小桃红·鉴湖夜泊》中说："鉴湖一曲水云宽，鸳锦秋成段。"他把对鉴湖的喜爱化作笔墨，句句难忘。

正是有了这些景与人，绍兴成为古代许多文人心中的胜地。

诗仙李白老了之后，即使不能再身体力行前往绍兴，也要在梦里去寻绍兴，他的《梦游天姥吟留别》大概就是这么来的。

近现代，绍兴又出了周恩来、蔡元培、秋瑾、鲁迅、竺可桢、陶行知等名人，人文景色与自然风光交相辉映。随着公祭大禹陵、兰亭书法节、越剧艺术节、黄酒节、南宋文化节等重大文化活动的开展，绍兴旅游目的地的形象逐渐彰显，旅游业与商贸、文化等产业进一步融合，旅游空间进一步拓展，城市旅游氛围日益浓厚。

产业贸易

浙地贸易概述

浙江地区的越人很早就掌握了造船和航海技术，《逸周书》称"成王时，于越献舟"，说明在西周时期，浙江越地的民众已经掌握了造船技术，并且将之作为贡品上献给周成王。这一现象也反映了当时浙江与中原地区已经开展一定的物资交流。

长江和钱塘江自古航运发达，李肇的《唐国史补》卷下记载："凡东南郡邑无不通水，故天下货利，舟楫居多……故曰'朝发白帝，暮彻江陵'……扬子、钱塘二江者，则乘两潮发櫂，舟船之盛，尽于江西。"秦汉时期，浙江沿海地区已经与日本、朝鲜等近海国家存在初步的贸易往来。

三国时期，东吴利用江南地区优越的地理条件，鼓励当地人民广开农桑之业，农业的繁荣丰富了市场经济，加速了各行各业的发展。《三国志·吴书·吴主传》记载，当时的海船已达台湾岛和日本西南岛屿，浙江与周边地区的贸易已有所发展。

隋唐时期，因陆地上的"丝绸之路"多有阻塞的情况，陆路交通困难重重，而海外贸易却空前繁荣。浙江沿海的明州（今宁波）、温州等港口逐渐兴起，相继成为当时重要的贸易口岸。《新唐书·地理志》记载，中国商船远航已由印度半岛延伸至波斯湾，浙江与马来群岛、印度半岛和阿拉伯半岛等地的贸易都颇为发达。

宋元时期海上丝绸之路更是得到了鼎盛发展，南宋宝庆元年（1225）赵汝适的《诸番志》记载，宋朝时，中国与超过五十个国家和地区有贸易往来。究其原因，除了当时社会商品经济繁荣，坚持对外开放政策以及航海技术不断提高等因素外，还与沿海港口城市的空前繁荣密切相关。这时期无论南海航路还是东海航路都较过往有了很大的提升，东海航路使得我国与日本、高丽的交往进一步发展，双方船只来往极为密切；南海航路也有了进一步扩展，每一条航线都有相对固定的出海港口。这个时期我国沿海从北到南开放的港口有很多：北方山东半岛有登州、密州，长江口岸有镇江府、江阴府、平江府的太仓县、秀州的华亭县、青龙镇、上海港，浙江沿岸有杭州、明州、温州，福建有泉州，广东有广州，等等。众多的海港促使港口经济在这个时期得到飞速发展，但由于政治形势、经济发展和自然环境等诸多因素的影响，最后只形成了我国古代著名的三大名港：广州、泉州和宁波。

明初实行海禁政策，禁止私人出海贸易，但官方的朝贡贸易仍在进行。浙江的宁波是官方批准的与日本进行朝贡贸易的重要港口之一。明中叶后，朝廷的海禁政策有所松弛，私人海外贸易逐渐兴起，浙江沿海的双屿港成为当时重要的国际贸易中心。当时出口的商品除了传统的丝绸、瓷器、茶叶外，还包括棉布、铁器等手工业品；进口商品则主要有香料、珠宝、白银等。

清初朝廷实行海禁和迁界政策，浙江沿海地区的对外贸易受到严重影响。1684 年，清廷废除海禁，1685 年开宁波等四港对外通商，并设立浙海关。但到了 1757 年，清政府只准许广州一地与外国通商，浙江的对外贸易受到一定限制。鸦片战争后，随着五口通商的实行，浙江的宁波、温州等港口再次成为对外贸易的重要口岸。进出口商品种类进一步增加，除了传统的商品外，西方的工业制成品如纺织品、机械等开始大量进口，浙江的茶叶、丝绸等农产品和手工业品则继续保持大量出口。

民国时期，外贸逐渐成为浙江经济发展的重要支柱之一。20 世纪 20 年代中期，浙江对外贸易总值占全国的百分之二十左右。浙江的进出口数量和贸易金额呈现出稳定增长的趋势。但浙江对外贸易的市场结构较为单一，主要依赖东南亚和日本市场。贸易方式却出现了较大改变，传统的多船交易、大赊销等在当时逐渐被信用贸易代替。

宋代市舶司

随着海上贸易的兴起，我国的对外交流日益频繁。为了加强对海外贸易的管理，唐高宗显庆六年（661），朝廷在广州开始设立市舶使这一官职，总管海路邦交外贸。

宋代时，我国的造船技术和航海技术获得了长足的进步。指南针在航海中的广泛应用，使得无论何种天气船只都能在海上找到准确的方向。"水密隔舱"技术的发明与成熟，使得远洋航行的安全系数大幅上升。该项技术发明之前，船只一旦发生触礁、碰撞等事故，船体外壳就会破损，海水很快就会倒灌入船舱，船只很容易迅速沉没；而该项技术则是将船舱分隔成多个独立空间，即便遇到暗礁导致一个或几个舱体破损，海水也只会被限制在那些舱室内，其余舱室仍能保持干燥。这样一来船只就有机会保持浮力，可以等待救援或驶向附近港口，大大保障了船员和货物的安全。

技术的提升使得宋代的海外贸易空前发展，来往商旅数量大幅增加。唐代遗留的市舶使一职已不堪重任，需要更加完善的管理机构来规范和引导贸易活动。于是宋承唐制，北宋开宝四年（971），朝廷在广州建立了市舶司，不久之后，又陆续在杭州、明州（今宁波）、泉州、密州（今青岛胶州）等地设立市舶司。南宋时，形成了两浙（路）、福建路、广南东路市舶司并存的局面。

杭州港位于南北大运河的南端，将杭嘉湖水系、钱江水系和萧绍甬水系融为一体，往北可以沟通长江，往东就是东海。通江达海的航运能力，使得杭州湾在国内外贸易活动中具有重要作用。早在五代吴越国时这里已设有博易务，宋初太平兴国三年（978）在杭州设置两浙（路）市舶司。这是路一级的海外贸易管理机构，统管两浙路所有港口的对外贸易。

除了杭州之外，浙江宁波港的自然条件也得天独厚。港口往东直面东亚和整个环太平洋地区，可连接沿海各港口，海路到香港、高雄、大阪、神户、釜山，均小于一千海里；往内陆，则可沟通长江与京杭大运河，直接覆盖整个华东地区。

基于杭州和宁波在海外贸易中的重要地位，北宋咸平二年（999）朝廷在杭州、明州两地分设市舶司。这是府、州级别的市舶机构，隶属于两浙（路）市舶司。宋代在杭州设立的市舶机构大体分三个级别：路一级的两浙路市舶司，府、州一级的杭州市舶司（南宋时期为临安市舶务），县一级的澉浦市舶场。它们都在不同时期负责不同区域的海外贸易。到了北宋后期，特别是南宋时期，泉州贸易中心的地位逐渐为明州（今宁波）所取代。

宋时杭州海上贸易十分兴盛，欧阳修在《有美堂记》中就写道："其俗习工巧，邑屋华丽，盖十余万家……而闽商海贾，风帆浪舶，出入于江涛浩渺，烟云杳霭之间，可谓盛矣。"到了南宋，各国使节前来进贡，来到都城杭州，更是极大地促进了杭州港的繁盛。杭州港本以日本、高丽的海上交通为主，日本和高丽的使团带着商贸目的纷纷前来。此时南海众多国家，诸如交趾、占城、三佛齐、真里富、阇婆、渤泥、大食等国海商听闻消息后，也跟随使团纷至沓来。

市舶司主要负责船只出海和回港管理。在商人出海之前根据商人申报的货物、船员及要去的地点，发放公凭（也就是当时的出海许可证）；为防止夹带兵器、铜钱、人口等，船只出海前还需派人上船"点检"。对于回港的船只，实行货物抽分制度，即将货物分成粗细两色，官府按一定比例抽取适当份额作为市舶税。所抽货物都要解赴都城。还根据政府需要对香料、象牙等奢侈品或普通货物按规定价格进行收买，供宫廷使用，部分货物也会行销国内市场。此外，市舶司还要负责接待外国使节和商人，同时管理外商与使者的在华活动。

因为市舶司的这些职能，馆驿和仓库成了配套的基础设施。馆驿负责接待外来商贩，为他们提供休息住宿的地方，仓库则用于存放来往商旅的货物。杭州作为南方的重要港口城市，尤其在北宋下令韩国、日本的往来使节必须从杭州登陆后，外国使节和商旅来往特别频繁。为此当地建造了大量馆驿和仓库，比较著名的有浙江亭、同文馆、邮亭驿、怀远驿、仁和馆、都亭驿、北关塌房、北郭驿亭、接待寺等。这些驿馆用于接待出港官员、来杭外商、外国使者等。外商首领到来时，市舶机构用"妓乐"迎送，准许他们坐轿或骑马，当地的主要官员亲自接见他们。当时杭州还出现了西湖涉外饭店，专门招待外国商人。特别是南宋定都杭州后，与日本、高丽、波斯、三佛齐东南部等多个国家和地区的使者交往频繁。接待外国使节和商贾的宾馆设施齐全，招待级别堪称国家级，当时称"都亭驿"（在今候潮门）。同时在江干跨浦桥南岸建造"樟亭驿"（即浙江亭），接待各地来京官员、士大夫。相较于"都亭驿"，这里的居住条件较为一般，各类设施也不甚高档。另外与外国使节同来，或单独来华的外来友商均住在"怀远驿"，这里设备完善，招待精细，一般夏天有冰盆，冬天有火箱，对比杭州其他的官方或民办馆舍驿站，这里几乎可以称得上豪华奢侈。因为接待标准高，所以花费也多。

苏轼在担任杭州知州期间就曾抱怨过此事，他在《乞禁商旅过外国状》中写道："而自明及润七州，旧例约费二万四千六百余贯，未论淮南、京东两路及京师馆待赐予之费，度不下十余万贯。"并且认为如果将这些钱省下来，将可以救济数万灾民。"若以此钱赈济浙西饥民，不知全活几万人矣。"为此他和苏辙还几度上书，请求减少对外来使节的赏赐，减少外国使节入境的频率和次数。然而似乎并没有什么成效。

中外商船出海时，市舶司会提供酒食，有时还会开设饯行宴送别。对于来华的外国商人和外国商船，市舶司也会采取保护措施。《大宋之法》记载，北宋在真宗朝时形成了一个惯例，即当海域遭遇超级大风或暴雨等引发海难的事件时，如果有番商此时漂泊到了大宋境内，那么当地官府就有责任去救济这些国外流亡人员，等风平浪静以后，再协助他们返回自己的国家。史上曾有高丽国商人遭遇海难，随风漂泊到了泉州，船上的高丽商人就去当地衙门自陈原委，泉州市府就向这些落难的番商发放了免费的"口券"（即免费食品券）。不仅如此，宋代还规定，番舶为风飘着沿海州界，若损败及舶主不在，官为拯救，录物货，许其亲属召保认还，及立防守盗纵诈冒断罪法。也就是说，如果有遭遇海难的海外商船漂至中国境内，发生船破桅坏或者船主失踪的情况，地方政府有责任帮助打捞、保全其货物，并一一登记在案，待得日后找到货主或其亲属时，再行交还。如果发现冒领、盗取、诈骗财物者，就会依宋朝法律定罪。史料记载，南宋时，曾有地方政府试图没收外籍商船财物，船主上告到户部，户部行文让地方归还了财物。此外，市舶机构的官吏和中外商人如果对海外贸易有所贡献，即可得到奖励，官吏如破坏海外贸易，则要受到处分。

宋朝政府不仅保护受风浪灾害而暂时停泊中国的外来商船，而且也保护在华番商的私有财产，甚至还包含了对其财产继承权的保护。《大宋之法》记载，北宋时有一番商客居广州，产业众多，而他本人在回国后因故被其国君处死。该番商没有直系亲属。他死后有人想私吞这个番商在广州的财产。宋代著名文学家苏辙审理了这个案件，最终将家产判给了其养子。南宋时也发生过类似事件，有真腊商人在明州去世，死后留下了大量财产，却没有亲人在侧，于是有人建议将这些财产充公，但明州地方官府却坚持将真腊商人的遗体和遗产一起运送回国。这件事在真腊产生了很大的影响，连真腊国王都深受感动，直言"中国仁政，不胜感慕"。

杭州、明州原来都是重要的外贸港口城市，许多海外商人和外国使团通过杭州、明州进入中国。但在杭州成为南宋都城之后，朝廷出于对外国人在中国首都人数的控制和防备，逐渐减少了杭州的进出口船只额度。许多海外商人只能到达较近的南方港口，将货物售卖给中国商人或交给市舶司。庆元元年（1195）后，两浙路只保留明州一处市舶司，其他各港的市舶机构都撤销了。

元代浙江海外贸易

元代是中国历史上通过海路对外贸易最繁荣的朝代之一，也是浙江海外贸易的鼎盛时期，上承唐、宋，下接明、清，在我国古代海外贸易史上留下了浓墨重彩的一笔。当时统治者采取了鼓励农业、手工业和商业共同发展的措施，社会经济得以快速恢复并发展。

至元十三年（1276），元军占领明州城后，在宁波地区设置庆元路（元朝的路是比府更高一级的地方行政区划），接着设置庆元市舶司。庆元港发展快，不久，朝廷就将温州、上海、澉浦（今浙江省嘉兴市海盐县）三处市舶司并到庆元市舶司，并将之升格为直接隶属于中央的中书省机构，成为与泉州港、广州港并立的元朝三大对外贸易港之一。

从地理位置来看，庆元港位于东海之滨，中国海岸线的中段，这里自古就是扼南北水路的要冲之地，前有舟山群岛为天然屏障，后又有四明山和天台山两大山体的环抱，四明山向东延伸到镇海区的澥浦附近伸入东海，形成了宁波市与舟山毗连海域的岛屿，而天台山的余脉太白山，在北仑区柴桥附近伸入东海，成了如今的舟山群岛。镇海口以南到北仑区郭巨镇峙头角的海岸，岸线曲折，岸滩稳定，水深湾阔，是建设深水良港的理想之地。庆元港一举成为元朝海上贸易的最主要口岸，海运事业空前发展。海上通道从沿海各港到南洋马六甲，直至波斯湾口；海上航线向西延伸到东非、北非沿海和地中海地区，形成一条横跨欧亚的商业大道。

至元十六年（1279），元灭南宋后，承袭宋朝的对外贸易政策，并在此基础上更为宽松与开放。马可·波罗记载，至元十五年（1278）八月，元世祖就下诏称："诸蕃国列居东南岛屿者，皆有慕义之心，可因蕃舶诸人宣布朕意。诚能来朝，朕将宠礼之。其往来互市，各从所欲。"对于诚心来中国朝拜的国家，允许开通互市贸易。其中往来最为频繁的，当数日本。《元史·成宗本纪》记载："大德十年（1306）四月，日本商人有庆到庆元贸易，献金铠甲。"

除此之外，庆元港海外贸易的发展，还与它是元朝的重要军港具有密不可分的关系。《元史》记载，元朝历史上总共发起了三次大规模的海上远征活动，有两次就是从庆元港出发的。一次是至元十九年（1282），朝廷派出三千五百艘战船远征日本，后因遭遇台风而折返庆元港；还有一次是征集士兵两万人，战船千艘，从庆元港出发远征爪哇国。出征虽然没有获得特别的成效，但元朝政府为这几次出征，做了不少准备，如在庆元港修建码头、仓库、造船厂，扩建港口等，为庆元港后来成为中国重要港口打下了深厚的基础。

与一般的港口不同，庆元港在元代成为以外贸为主，兼顾商业、军需、漕运等多项功能的海港。元人王元恭的《至正四明续志》卷一《土风》记载，庆元港"南通闽广，东接倭人，北距高丽，商舶往来，物货丰溢"。日本、朝鲜、东南亚、南亚、西亚和非洲等国家和地区都成为庆元港的商贸对象。而往来最频繁的要数日本和高丽。《元史》中甚至有日本客商一次来庆元港的人数超过两千人的记载。张翥的《送黄中玉之庆元市舶》一诗中曾形容庆元南洋贸易的繁荣情况："是邦控岛夷，走集聚商舸，珠香杂犀象，税入何其多。"

元代朝廷在浙江总共设了四处港口，与众多国家都有商贸方面的往来。杭州港也是元代的重要海外贸易港。马可·波罗曾在他的游记中记载："杭州各方衢后面和大街并行的，有一条很宽的河，在河的近边上面造有大的石头货栈多所，所有由印度和别处来的商人，皆把他们的货物放在那里，好预备交道近旁各方衢去。"可惜的是，因为杭州港严格限制船只进入的数量和频率，来杭州的海外商船纷纷改道其他港口，渐渐地就造成了外舶罕至的局面，加上钱塘江潮大浪高，杭州市舶司变得逐渐衰落，后续杭州市舶司并入了杭州税务司。除了元朝时浙江的对外贸易活动以民间贸易为多，龙泉的青瓷，杭州、湖州的丝绸产品，绍兴的茶叶等物产都获得了海外市场的青睐。加上元朝时日本和高丽之间没有交通往来，中国便成为这两个国家唯一的海外交易对象，他们对中国商品的需求量极高，尤其是日本商旅，往来浙江极其频繁。

越窑青瓷的海外贸易

越窑是中国古代著名的青瓷窑系，主要产于浙江省宁波慈溪市上林湖一带，因五代时划归越州而得名"越窑"。

东汉时，中国最早的瓷器就在越窑的龙窑里烧制成功，因此，越窑青瓷被称为"母亲瓷"。那时浙江沿海外贸交流通畅，东和日本，南与印度洋诸国交往逐渐频繁，越窑青瓷就沿着海路输出国外。现代考古发掘的大量出土文物证实，马来半岛南端的柔弗河流域遗留的波浪纹青瓷，系浙江上虞小仙坛瓷窑的产物；印度尼西亚的西婆罗洲遗留瓷器，乃汉代越窑所产。东汉之后，越窑持续烧制了一千多年，成为中国历史上持续时间最长、影响范围最广的窑系。

到了唐代，尤其是唐王朝中后期，越窑瓷器烧制的技艺已到达了炉火纯青的地步。当时已经创造性地发明了将胚体盛于匣钵之中与火分离的烧制法，这样制作出来的瓷器品形端正，胚胎轻薄，胎质细腻，釉色晶莹，尤以"秘色窑瓷器"最为著称。晚唐诗人陆龟蒙曾写诗盛赞越窑瓷器："九秋风露越窑开，夺得千峰翠色来。"越瓷不仅颜色翠碧如青山连绵，而且纹理质感"类冰似玉"。越瓷从唐代开始就出口到巴基斯坦、伊朗、埃及、日本等多个国家。

五代吴越国时，浙江与日本、高丽、南海诸国乃至西亚阿拉伯国家继续保持友好贸易往来。浙江输出的主要商品，仍然是越窑青瓷。

两宋时期，浙江输往高丽的商品，主要有瓷器、茶叶、丝织品、书籍、文具等，其中尤以越窑青瓷为多，基本上浙东地区所产的越窑青瓷被大量地运往高丽，深受当地人的喜爱。

龙泉窑青瓷器的海外贸易

龙泉窑位于今浙江省丽水市龙泉市金村、大窑一带，以及附近的庆元、云和、遂昌等县。受其影响，福建省泉州、江西省吉安等地，也生产龙泉瓷。龙泉窑开创于三国两晋时期，距今已有一千七百多年，生产瓷器的历史也长达一千六百多年，是中国历史上历时最久的一个瓷窑系。

龙泉窑分布很广，北宋后期龙泉青瓷开始走向兴盛，龙泉窑与定窑、钧窑、磁州窑、耀州窑、景德镇窑齐名，成为当时的六大窑系之一。至南宋时，龙泉窑生产的瓷器达到极盛状态，当时龙泉青瓷的烧制技术达到登峰造极的地步，尤其以梅子青与粉青最有代表性，它们的颜色像青梅一样，釉色非常好，其极品已似青玉，其至达到翡翠的效果，因而得名。一般瓷器使用的釉属石灰釉，在高温下容易流动，所以烧成的瓷器釉层薄，釉面光亮，透明度高。而南宋龙泉瓷通过加厚釉层，使其在高温下黏度增加，不易流动，因而烧制成型后具备柔和淡雅的玉质效果，自带一种含蓄的温润感。而且南宋龙泉瓷多素面，少有花纹装饰，气质高雅。

龙泉窑青瓷在造型和纹饰方面，深受越窑的影响。在我国古代瓷器对外贸易中，龙泉窑瓷器也和越瓷一样占据了十分重要的地位。根据 1976 年韩国新安海底沉船的最新考古研究，在公元 1323 年前后，这艘元代海船从浙江的庆元（宁波）港出发驶向日本福冈，途中不知是遭遇了台风还是其他恶劣天气，沉没在高丽的新安外方海域。船上除了两千多件金属制品、石制品和紫檀木制品，八百万件中国铜钱外，还有两万多件青瓷和白瓷，其中龙泉窑的青瓷器数量达三千三百九十六件。仅从这个数量上，我们也可以窥见当时龙泉窑青瓷在外贸活动中的受欢迎程度。

浙江上虞小仙坛瓷窑

小仙坛窑址位于今浙江省绍兴市上虞区上浦镇石浦村四峰山南麓，属于东汉晚期的遗址，是我国目前为止发现最早，瓷质最好，影响最大的青瓷发源地。从出土的瓷器来看，这里的技术在当时极具代表性。从遗址的考古发掘看，窑址总面积达八百平方米左右。小仙坛瓷窑出土的瓷器，其吸水率、抗弯强度、胎釉结合等现代技术指数均符合当代瓷器标准，这说明东汉时期小仙坛窑已经能成熟地生产瓷器。

传说秦始皇时期，方士徐福带着数千名童男童女和大量的宝物远赴蓬莱仙岛，寻找长生不老之术。只是徐福最后也未找到仙山，当然更没寻得长生不老之术。徐福害怕回去后会被杀，于是就在海上的一处岛屿隐居了起来，后人们世世代代也都生活在了那里。那里的人们有时候还会想念家乡，与陆上地区互相交易以获取生活物资。如今，考古发掘的大量出土文物证实，马来半岛南端的柔弗河流域（位于马来西亚）遗留的波浪纹青瓷，系浙江上虞小仙坛瓷窑的产物。虽然我们无法证明瓷器到底是不是徐福带过去的，但是可以肯定的是，早在一千多年以前，小仙坛窑址生产的瓷器已经远销到了南海岛国。

春秋时期的铁制刀剑的贸易

早在春秋时期，我国就发明了冶铁技术，并且很快取得重大进展，制造了大量的铁制农具，从而极大地推动了生产力的发展。当时，最早生产和使用铁制农具的是齐国，他们通过铁质刀具的制造和交易，加快了农业生产的进程，促进了当地的经济发展。

同样在春秋时期，浙江也开始了对铁器的采冶和利用。《越绝书》卷十一《越绝外传记宝剑》记载："欧冶子、干将凿茨山，泄其溪，取铁英，作为铁剑三枚。"这说明，最晚在春秋时期，古越国已经因制造锋利的铁剑而天下闻名。

事实上，春秋末期，随着青铜、铁的冶炼技术的提高，浙江一带的冶炼业获得了前所未有的发展。绍兴城北的西施山考古发掘出了大量春秋后期越国的青铜器和铁制工具，包括锄、锛、镰刀等，并且在当地还发现了冶炼工场遗址。这个发现，证明了我国早在春秋时期就已经出现比较完备的铁质刀具了。

龙泉宝剑

龙泉宝剑，被誉为诚信高洁之剑，乃中国古代十大名剑之一，又名龙渊剑。相传由春秋时期名匠欧冶子铸成，距今已有两千六百多年历史。传说欧冶子云游江南各省，当他来到浙江龙泉时，发现秦溪山下，恰好有一泓湖水，甘寒清冽，湖边列着七口井，方位恰似天上的北斗七星。欧冶子当即决定在湖边支炉铸剑。他用湖水淬剑，增强剑的刚度，果然铸出了绝世好剑。《越绝书》记载："欧冶子、干将凿茨山，泄其溪，取铁英，作为铁剑三枚，一曰龙渊、二曰泰阿、三曰工布。"到了唐代，因避高祖李渊讳，便把"渊"字改成了"泉"字，号曰"七星龙泉"，简称为"龙泉剑"。

关于越王之后龙泉剑的下落，《晋书·张华传》中有一段奇幻的记载："吴之未灭也，斗牛之间常有紫气，道术者皆以吴方强盛，未可图也，惟华以为不然。及吴平之后，紫气愈明。华闻豫章人雷焕妙达纬象，乃要焕宿……因登楼仰观……华曰：'是何祥也？'焕曰：'宝剑之精，上彻于天耳。'……因问曰：'在何郡'？焕曰：'在豫章丰城。'……华大喜，即补焕为丰城令。焕到县掘狱屋基，入地四丈余，得一石函，光气非常，有双剑，并刻题，一曰龙泉，一曰太阿……遣使送一剑并土与华，留一自佩。"

唐朝诗人郭震任通泉尉时，武则天召见他，要看他写的文章，他呈上歌颂龙泉的《宝剑篇》，全诗如下："君不见昆吾铁冶飞炎烟，红光紫气俱赫然。良工锻炼凡几年，铸得宝剑名龙泉。龙泉颜色如霜雪，良工咨嗟叹奇绝。琉璃玉匣吐莲光，错镂金环生明月。正逢天下无风尘，幸得周防君子身。精光黯黯青蛇色，文章片片绿龟鳞。非直结交游侠子，亦曾亲近英雄人。何言中路遭弃捐，零落飘沦古狱边。虽复沉埋无所用，犹能夜夜气冲天。"从中我们不难发现"龙泉宝剑"在唐朝的重要地位。

事实上，唐代时龙泉已成了宝剑的代名词。时人凡制名剑，必称"龙泉"。不仅各路英雄、好汉喜欢购买"龙泉宝剑"，王公贵族也经常使用龙泉宝剑来显示自己的权力和地位，龙泉宝剑成为朝臣进贡、皇帝赏赐和亲友馈赠的珍贵礼品。

青铜剑

青铜是由铜、锡合金冶炼而成，青铜剑始于商代，是我国古代战争中经常使用的一种兵器。那个时候，它的剑身较短，形状如同柳树的叶子，制作也比较粗糙。

春秋时期，青铜剑的制作技术日趋成熟。当时的越国不仅有铜、锡采矿业，而且还学会利用铜、锡制造剑、戈、矛、镞等青铜兵器。根据最新的考古研究分析，越王勾践自己使用的青铜剑含铜、锡、铅、铁、硫等成分，铸剑工艺较为复杂，需要二次工艺合成。一般先制剑脊，再铸剑刃。这两个部分金属含量不同：剑脊含铜多，所以韧性足，不易折断；刃部含锡多，所以硬度强，剑刃锋利。此外剑身用硫化铜涂层，可以有效防止氧化反应，阻止铜锈蚀。东周时，浙江的冶铸技术发展较快，《考工记》记载，当时已经对斧斤、戈戟等各种器物所用青铜中铜锡的比例做出了详细的规定。

春秋末年由于战乱频仍，武器需求量较之前大幅增长，客观上促进了兵器铸造技术突飞猛进。尤其是吴、越两国的宝剑铸造技术极为先进，所铸宝剑异常锋利，名动天下。随之，一批专门从事青铜剑铸造的工匠和兵器作坊应运而生。浙江的青铜剑铸造技术，在春秋时期就已经崭露头角。

驿站

中国是世界上最早建立信息传递系统的国家之一。从已出土的甲骨文资料可知，早在三千多年前的商代，我国的古人已经掌握了信息传播的方法。周朝时，烽火台或邮驿提供军情传递已较为普遍。发展至唐朝时，驿传事业发展空前，京城以长安为中心，向四方各个城市辐射，直至边境，平均每三十里就设有一个驿站。驿站是古代传递公文及军事情报的人在途中休息的场所。《大唐六典》记载，唐代鼎盛时全国有一千六百多个驿站，驿站办事员多达二万余人，光是驿兵就有一万七千人。

邮驿遍布全国，并可以细分为陆驿、水驿及水陆兼办三种。由于当时条件的限制，信息传递的速度自然无法与今日相比，但对驿站的驿长及驿卒的要求却是十分严格的：陆驿快马一天至少走六驿，即一百八十里，再快就日行三百里，最快则要求日行五百里；若是步行，则至少日行五十里；走水路的话，逆水行船时，遇河至少日行四十里，遇江则日行五十里，其他更开阔的水域或者海路，则日行六十里，若是顺水，则一律要求日行一百到一百五十里。唐代诗人岑参在《初过陇山途中呈宇文判官》写的"一驿过一驿，驿骑如星流；平明发咸阳，暮及陇山头"，便是这种急如流星的驿传赶路方式。

樟亭驿

杭州钱塘江畔的樟亭驿建于隋唐时期，以其观潮盛景而闻名。宋代《梦粱录》记载，"樟亭驿，即浙江亭也，在跨浦桥南江岸"。清代翟灏、翟瀚辑的《湖山便览》引北宋著名文学家、政治家晏殊的《舆地志》云，樟亭驿"在钱塘旧治南五里"，后改为浙江亭，即今浙江驿故址也。樟亭驿地处观潮胜地，每年吸引大量游客前来观赏钱塘江大潮，这促进了当地旅游业的发展，增加了经济收入。

当时在钱塘江边有柳浦渡，即海陆交通的重要津渡，故出行极为便利。唐代诗人杜荀鹤曾在《送友游吴越》中写道："夜市桥边火，春风寺外船。"不仅可以从杭州出发，乘船出海，外来船只也能通过杭州湾驶入钱塘江前往杭州市区，朝廷为方便交通往来，便在这个交通要道设立樟亭驿。作为连接南北水陆交通的重要枢纽，樟亭驿不仅为官员、文人、商客提供了休息和住宿的场所，实际上也是当时的货物集散地之一，往来商旅的货品汇聚于此，促进了商品的流通和贸易的发展。

自唐代起，便有众多诗人游览樟亭驿。唐代诗人李白因喜爱山水，数次经过杭州，都选择住在樟亭驿，在观览钱塘江大潮时，他写道："海神来过恶风回，浪打天门石壁开。浙江八月何如此？涛似连山喷雪来！"在与好友依依作别，惋惜不舍时，又写道："挥手杭越间，樟亭望潮还。"樟亭驿不仅是个思念友人的地方，更是容易引起思乡情绪之所。白居易在《宿樟亭驿》诗中写道："夜半樟亭驿，愁人起望乡。"文人墨客留下的诗篇增加了樟亭驿的文化价值，同时也吸引了更多的游客和商人往来商洽，促进了当地经济的发展。

樟亭驿作为宋代驿站网络的一部分，不仅对于维护国家的通信和交通系统至关重要，而且对于国家的经济稳定和发展具有基础性作用。官方驿站，不仅是一个传递公文的邮所，也是一个重要的外交场所，承担着接待外国使节和官员的任务，对加强宋王朝与周边国家的经济文化交流起到了桥梁作用。此外，樟亭驿的存在，促进了周边地区的经济活动，带动了当地商业、手工业和服务业的发展，对区域经济的繁荣起到了推动作用。

临安都亭驿

杭州西湖及附近地区历来就是旅游胜地，商贾行旅往来频繁，饭店旅游设施一直较为齐全。官方驿站如都亭驿、怀远驿等，专供地方官员、士大夫以及外国使臣停留住宿。早在唐宋时期，西湖边就出现了涉外饭店。等南宋定都杭州后，宋朝已经与日本、高丽、波斯、三佛齐等五十多个国家和地区的使者、商人交往，即使国家之间没有正式建交，民间也往来频繁。而当时接待外国使者的驿站，已经设备完善到夏有冰盆、冬备火箱，招待极为奢华周到。

南宋定都临安（今杭州）后，都亭驿便用来接待金使。《宋史》载："往来国信所，掌大辽使介交聘之事。都亭西驿及管干所，掌河西蕃部贡奉之事。礼宾院，掌回鹘、吐蕃、党项、女真等国朝贡馆舍，及互市译语之事。怀远驿，掌南蕃交州，西蕃龟兹、大食、于阗、甘、沙、宗哥等国贡奉之事……同文馆及管勾所，掌高丽使命。"两宋时期，由于周边各民族持有不同的政权，宋为了与其维持良好友谊，便设驿站来接待来自不同少数民族的使节。都亭驿的接待礼仪从金使到达临安后开始，驿长代表朝廷赐予使节被褥、纱罗，并有专门的官员向其交代觐见皇帝时所要注重的礼节。待金使朝贺结束后，皇帝又会派遣大臣到都亭驿内赐宴，随后双方官员一起前往樟亭驿赏潮。

　　赵氏皇家向来注重商贸，自打迁都临安后更是对外往来频繁。西湖湖畔和钱塘江边都设有许多宾馆和酒家，以便接待来往商家和官吏。临安都亭驿所在的御街，是临安城最为繁华的商业核心区，御街沿线密集分布的商铺，是临安城商业的集中体现。都亭驿的存在，增加了城市的商业活力，促进了城市经济的繁荣。

　　南宋时期，朝廷与金国交往密切，双方使者往来频繁。除此之外，宋朝廷与高丽、日本等国家同样在商务上交际密切。宋朝所产的瓷器与纺织品物美价廉，深受外国使者与商人的喜爱。朝廷除了直接赐予使者财物外，也会派出官员帮助来使去采购他们需要的货物。诸多驿站千里传书，临安城商铺星罗棋布，全国各地乃至外国使者商贾在杭州相会，这一切，共同促成了杭州商品贸易的繁荣。

　　不仅如此，南宋时期海上贸易空前繁荣，经济重心南移、造船和航海技术进步、积极开放的贸易政策推动宋代，特别是南宋海上贸易的空前发展。临安都亭驿作为接待外国使节的重要场所，对促进海上丝绸之路的贸易有着重要作用。

　　此外，南宋时都亭驿所在的临安城是粮食流通的重要节点，这里保障了军队粮食的供应并解决了粮食的区域供需矛盾，对南宋粮食流通安全起到了重要作用。

浙江盐业

　　盐是人体维持体内酸碱平衡，调节血液酸碱度，保持心脏跳动和维持肌肉感应力的重要成分之一。不仅人体自身的生存和发展离不开盐分的补给，而且作为重要的战略资源，食盐在中国古代还是国家财税收入的重要组成部分。

浙江省东临大海，自古就有人靠海而居，除了海上渔业外，浙东地区产盐的历史也极为悠久。《越绝书》曰："朱余者，越盐官也，越人谓盐曰余。"这是浙江地区关于盐官的最早记载，说明在春秋时代，越国已经出现国家管理的盐业。据陈桥驿先生的研究，浙江带"余"字的地名与古代盐业相关，他在《论浙江省的方言地名》一文中推断：既然越语称盐为'余'，而这一带的越语地名除朱余外，尚有余杭、余暨、余姚三处。三余在于越时代与制盐业有密切关系是完全肯定的。《史记·货殖列传》中也有"东有海盐之饶"的说法。《世本·作篇》亦云："宿（夙）沙作煮盐。"《说文解字》则云："古者宿（夙）沙初作鬻海盐。"

唐代宗时，浙东沿海的盐田已经具备一定的规模。浙江人的先祖凭着自己的聪明才智，通过蒸煮海水来炼盐。他们先从最原始的刮泥淋卤、摊灰淋卤做起，通过这种办法造出盐卤水，然后再用铁盘、篾盘、锅盘等工具对海水进行煎煮。在柴火的炙烤下，海水变成卤水，卤水又变成食盐。随着时间的流逝，人们又在卤盐的过程中改进了工艺，减少了制盐的步骤。前人从火烧盘熬的煮盐过程中，逐渐摸索出坦晒与滩晒的制盐方法，从而大大降低了劳动强度，提高了盐的产量和质量。

杭州有盐桥，常有盐船停泊在边上待榷。实际上，盐桥大约在唐之前已开始修建。早在公元 591 年，隋朝军事家杨素在杭州建城，城垣东临今中河，此处即有城门。唐大顺年间和景福年间，吴越王钱镠两次主持在杭筑罗城，其中第二次筑城时扩大城池范围，子城有城门两座，罗城有城门十座，今中河之西即有"盐桥门"，城门外即为田畴和村落。既然此门名为"盐桥门"，而此段河流又被称作"盐桥河"，就可以证明唐及五代十国时此地已有盐桥存在。

随着盐场的开辟和盐业的发展，北宋时期浙江已经形成众多盐业市镇，这些盐业市镇附近都有盐场或盐仓，是盐商及其他商贩集中交易的地方。并且政府逐步将食盐专营制由唐以前的"直接专营"转为了"间接专营"，通常使用民产、商收、商运、商销，同时辅以官运、官销的办法。

南宋后，临安建都，当地人口陡然增多，经济空前繁荣，连接众安桥与盐桥的"兴德坊"成为繁华街市，并被改唤"盐桥直街"。南宋时，盐桥一带又形成了惠济桥市，除了是盐榷之地，还是蔬菜、水果、鲜鱼、肉类及衣服、器皿等生活用品的买卖场所，其繁盛自不待言。据称，盐桥直街上的瑞凝堂参药号规模大、声誉好，为杭城之冠。其时，凡需购参药者，首先想到的便是前往盐桥。

元人陈椿曾在浙江一个盐场任总指挥，他在考察浙东沿海居民制盐的过程中绘制出了风俗画《熬波图》，将浙江沿海盐民汲取盐水、搬运柴草、煎熬收纳等整个制盐的生产过程描绘得非常详细。从各幅图中，我们在感叹古人制盐技术先进的同时，也可以直观地看到制盐过程的艰辛。

明代中后期开始，受巨额利润的刺激，市场上不仅有官方专卖制度下的盐业生产和流通，同时也出现了活跃的私盐生产贸易。一方面官府发现私盐买卖后，惩罚十分严重；另一方面，食盐专营引起食盐供需双方严重脱节，供不应求的现象非常突出。官方屡屡打击"黑市"，但民间私相售买食盐的现象仍普遍存在。

宁波盐业

宁波市地处浙江省东部，中国海岸线中段，长江三角洲南翼，海岸线总长 1594.4 千米，约占全省海岸线的 24%，具备优越的海盐生产条件。这里曾是我国东南沿海一带乃至全国著名的海盐生产基地。

根据宁波大榭遗址出土的文物资料，可以推断出先民们早在史前时代已经开始制盐工程。这也是我国目前已知的最早海盐业遗存。当时主要采用"刮泥淋卤"的方式制作海盐，具体包括刮取盐泥、制造泥溜、晾晒盐泥、淋滤卤水与收集卤水等五个步骤。到了东周时期，这里的制盐过程可能已经出现标准化倾向。

到了唐代，中国的盐业生产进入全面发展时期，宁波成为当时主要的海盐产区，海盐生产逐渐繁荣，并且已经具备较为完善的盐业生产流程和管理经验。尤其是宁波的宁海和余姚地区成为当时著名的海盐产地，杜牧在《樊川文集》卷一八中说的"茧税鱼盐，衣食半天下"，就是这里的情况。

宋元时期，宁波盐业也到达高速发展阶段。盐业产区当时主要分布在宁波北部和东部沿海地区，也就是说，除了奉化以外，均有分布。《延祐四明志》卷六《盐课》记载，北宋时期宁波的盐场包括昌国盐场、岱山盐场、玉泉盐场、清泉盐场、东江盐场、大嵩盐场、长亭盐场等，还有专门负责运输的鸣鹤盐场。这些盐场占地面积极广，光是灶户田的面积就达到一千顷左右。北宋词人柳永曾在北仑担任"屯田员外郎"，即盐场监督官，日日亲临其境，耳闻目睹，他深感盐民劳作、生活的艰苦，创作了《煮海歌》一诗，表明自己对盐民的深切同情。他在《煮海歌》中云："煮海之民何所营？妇无蚕织夫无耕。衣食之源太寥落，牢盆煮就汝输征。年年春夏潮盈浦，潮退刮泥成岛屿。风干日曝咸味加，始灌潮波溜成卤。卤浓咸淡未得闲，采樵深入无穷山。豹踪虎迹不敢避，朝阳出去夕阳还。船载肩擎未遑歇，投入巨灶炎炎热。晨烧暮烁堆积高，才得波涛变成雪……"将煮海盐民他无所入，年年岁岁不顾炎热辛苦煮盐的生活刻画得入木三分。

　　明朝沿袭元代"团灶"盐的生产形式。盐课则由盐课司按岁征办。《宁波盐志》记载，明景泰年间（1450—1457），余姚石堰盐场地理位置已经是东起鸣鹤盐场杜家团，西至上虞金山盐场，南起大古塘，北至海口，占地面积多达 77937 亩，场内又分为六仓，分别是埋上仓、埋下仓、柏上仓、柏下仓、梁上仓、梁下仓。而《慈溪盐政志》记载，宋元至明成化六年（1470），慈溪各盐场位置原来在大古塘以北，潮塘以南。成化六年潮塘建成后，盐场位置北移到潮塘北面。

　　宁波盐业的生产方式也在盐场的变动过程中不断革新发展。清朝顺治元年（1644）至宣统末年（1911），清政府总共又建了四条海塘，分别是：榆柳塘、利济塘、晏海塘和永清塘。盐场就建在这四条海塘间。而原来的石堰盐场继续扩张，一跃成为两浙地区最大的盐场。清代之前宁波盐业的制盐工艺主要采取煎煮模式，需要耗费大量的燃料，生产效率较为低下。咸丰二年（1852）兴起盐板晒盐法，即将海水或盐卤置于盐板上，依靠日光照射使水分蒸发，从而得到盐结晶。这种制盐方式所需的劳动强度较煎盐法有所降低。不久之后，宁波的一些盐场开始采用滩晒法制盐。即在海边的滩涂建立盐田，将海水引入其中，经过风吹日晒，使海水自然蒸发浓缩，最终结晶成盐。这种方法充分利用了海边滩涂的优势，采用太阳能、风能等自然能源，大大减少了对燃料的依赖，降低了海盐的生产成本，也提高了产量、质量和生产效率。

这种新制盐工艺的出现，究其原因，大概可以分为三个方面：一方面是制盐技术本身的发展，促使人们寻找更便捷高效的制盐方式；另一方面，随着社会经济的发展，人们对盐的需求不断增加，传统的煎制方法已经无法有效满足市场需求，简单省力的晒盐方式成为必然趋势；除此之外，宁波丰富的海水资源和广阔的滩涂也是这种新技术出现的必备自然条件。

宁波通过晒盐方式制取的海盐，不仅成本低，而且杂质相对较少，质地也更为纯净，因此宁波的盐业产品在市场上的竞争力也在不断增强。周边地区利用传统煎盐方式生产的盐业产品的市场份额不断被蚕食，失去市场竞争力。

正如《易经》所谓"穷则变，变则通"，周边地区在宁波新的制盐工艺的影响下，纷纷调整制盐工艺模式。以象山县为例，象山县位于浙江省东南沿海，三面环海，利于渔盐。历史上境内灶舍环列，煎盐法极为流行。但明清时期宁波晒盐技术出现以后没多久，象山地区很快就学会了这项新技术，将传统的蒸煮技术取而代之，当地的盐业产量也大大提高。

书香报业

商贾集

书商

　　书商是指以买卖书籍为主要营生手段的人。"书肆"一词最早出现于西汉。历史上，关于书商、书肆有多种不同的叫法，如书估、书贾、书友、书客、书佣、书侩、书驵及书船、书棚、书摊、书铺等，也有以坊贾、船贾、坊肆、冷摊等泛称指代书商、书肆的。

　　书商和其他商人一样，在中国古代地位低微，多半无姓名流传下来。即使是商业队伍庞大，影响力显著的书商，也只会以他们的籍贯称，如茮估、湖贾、歙人等，或者更减省泛化，直接称呼为"书贾""船贾""坊贾"。只有个别兼营刻书、藏书，并且业绩斐然的藏书家兼书商才能被人另眼相看，如常熟毛晋、建阳余仁仲、临安陈道人等。

　　从史籍的记载，我们可以发现，唐代以前的书商几乎极少能青史留名。唐代徐休之弟徐文远早年在书铺里帮忙，勤奋学习，博览群书，徐文远长大后能有出息与其少年时代的经历密切相关，因而《旧唐书》为其立传时，便捎带上了"其兄休鬻书为事"的内容。另一位出名的书商名为吴彩鸾，《宣和书谱》记载她的故事并非因为她卖书卖得好（尽管她确实在当时大卖《唐韵》），而是因为她作为一个女性却拥有娴熟的卖书技巧，颇让时人惊奇，才对其加以书写。此外尚有孙盈、张赞等个别书商出现于唐史，也是史传作者在记载他人时顺带提及。

虽然书商和其他商人一样，在中国古代不受重视，然而书籍买卖和其他商品买卖却并不相同。著名的书商孙殿起曾在《琉璃厂小志·贩书传薪记》中说道："贩书事虽微细，但亦非如他项商业，将所售物品预备整齐，以供出售，即谓毕其事，盖书籍与字画文玩，历史悠久，每件物品，各有其供应价值与方向，又不仅善于应对顾客也。例如供应一书，书中内容，需要明了，书之版本优劣，亦须清楚，要在平日多看版本，多听内行人讲说书之内容，多向顾客虚心领教，积年累月，经验多，始有判断能力，此非一朝一夕可以骤至，需赖业师指授，方能胜任也。"这段话明确指出了作为一个书商应该具备的文化修养、版本知识等特殊职业技能，道出了书商与一般商人的区别所在。

书商经营的商品与服务对象的特殊性，决定了书业这个行业文化含量高、专业要求高的行业特点。书商除了应具有其他商家同样具备的资金、服务以外，还须具备较为广博的专业知识，尤其是要将版本学、目录学、校勘学、辨伪学、藏书故实等知识熟练应用，古籍相关的各类工具书也得常查常新。这方面，清代乾隆年间五柳居主人陶正祥堪称专业典范。同时代的藏书家孙星衍在《清故封修职郎两浙盐课大使陶君正祥墓碣铭》中称赞他"能知何书为宋元佳本，有谁氏刊本，版贮何所，谁氏本善且备，谁氏本删除本文若注，或舛误不可从。都中巨公宿学欲购异书者皆诣君，车彻满户外"。陶氏以自身过硬的专业水平赢得了众多高层次客户的信赖与支持，他的店铺门庭若市，生意非常兴隆。

要成为一个出色的书商，首先要重视信息的搜集和利用。比如哪里有藏书家的书散出，哪里有善本行将出售，某书收藏在何处，某家专喜收藏哪类书籍，某家急需哪本书，等等，要将客户的这一类精准需求都掌握得恰到好处，才能在收集与贩卖书籍的过程中有的放矢。从某种意义上说，中国古代每个书商的脑袋里，其实都装着一个复杂的书籍信息网络库。书商们通过常年东奔西走、穿门踏户，了解、掌握书籍的流通信息。各级书商之间，竞争激烈，只有具备交游广泛、信息灵通并且专业娴熟的书商才能在书市站稳脚步。他们既是书籍中间商，又堪称藏书家的耳目和助手。对于藏书家的购求信息，他们尤其会花心思梳理、提炼，以便获知何处需求量大、谁家出价慷慨等重要商业情报。就如施国祁曾在《汲古阁写本溪水集说》识跋上说的那样："曾记往岁存德堂中主人挥金购书，估值逾倍，琅函秘册，无足而前。武林、金阊诸贾与织里贸书家争先求售，溪上书舟恒满。"善本古书难遇难求，而慷慨大方的买家更是难遇难求，是故一旦出现挥金如土的藏书家，书商们便会争相前往。

书商这个行业往往商贾结合，以活动经营为主。所谓"行商坐贾"，书商亦然，也就是说书商既有开铺设摊的坐贾，也有肩挑船载、四处兜售的行商。比如浙江湖州一带，便有书船一业，他们利用江南湖泊河网密集、水道发达的交通特点，昼夜行船于浙江的杭嘉湖地区和江苏的苏锡常一带，穿桥过洞，沿途吞吐购贩，成交量极大。相比之下，更常见的是亦商亦贾的书商，他们一边在某个地方固定地开铺揽客，一边又派人不定时外出兜售，双管齐下，财路广开。中国历史上的藏书家往往此兴彼衰，因此典籍的流通也常常因人因地而异，这就要求书商具备广泛的流动性和高超的买卖沟通技巧。

再次，代购是书商拓展服务范围的一种新途径。藏书家需求之书在当地无现货时，便会委托书商通过代购途径解决。书商通过这种代购活动，赚取中间差价。著名藏书家黄丕烈所藏的传本中便有不少是通过书商代购获得的，如他曾委托常熟苏姓书贾就近搜访毛氏汲古阁、钱氏述古堂旧藏书籍，又委托陶蕴辉在北京寻访钱氏的《读书敏求记》中所记之书，如校影钞本《舆地广记》系托五柳主人陶正祥从北京搜访所得；宋刻本《咸淳临安志》则由杭州书坊主曹竹林代购而来，宋刻本《新定续志》也系湖州书商施锦章代为购买。

徐珂的《清稗类钞·鉴赏》记载，清同治年间，会稽（今浙江绍兴）人章硕卿在蜀中为官，当地书商听说章氏好收书，纷纷登门拜访，以致"书贾日集于门，自滇鄂贩书来者，无不投之，各如其意以去"。光绪三年（1877），章硕卿到北京任职后，书商又闻风追来，争相献售，最后这位章先生"捆载百箱书籍乃归"，说的就是书商们在面对一个优秀顾客时的狂热售卖行为。

当藏书家因所藏残缺而急需补配之书时，书商常会急人之所急，做到竭尽全力，以求不负所托。如明末清初藏书家钱谦益曾廉价购得北宋版的《汉书》《后汉书》，但其中的《后汉书》却缺两册，钱氏深以为憾，因此委托各路书贾，广为搜寻。一日，某书商路过乌镇，停船买面当晚餐时，偶然见到店铺主人从书籯中拿出两本书，还用其纸张做包裹。书商仔细审视后发现就是宋版《后汉书》，惊喜不已，立刻出钱数文买下，但书册首页已缺。商人询问店家首页去处，店家告知乃对面邻居裹面用去，可以追回来。书商立即索回首页。收齐全本后，又连夜将书送到钱谦益家。钱氏得书欣喜欲狂，立刻设宴款待，并给了他二十两黄金。钱氏因此得到了完整的《汉书》《后汉书》。书商也因着自己的敬业精神获利匪浅。

另外，薄利多销是不少书商成功的重要因素。毋庸置疑，每个行业都有高利润的追求者，书商也不例外。但是许多书商却是因为对书价及利润的合理控制，加上灵活多样的交易方式，赢得了诸多客户尤其是老客户的光顾。上文所说的清五柳居主人陶正祥正是薄利多销策略的奉行者。孙星衍就在墓志铭里说他："与人贸易书，不沾沾计利，所得书若值百金者，自以十金得之，止售十余金；自得之若千金者，售亦取余，其存之久者，则多取余。曰：'吾求赢余以糊口耳……人之欲利，谁不如我！我专利而物滞不行，犹为失利也。'"他通过薄利多销的方式降低书籍流通的时间成本，从而获得成功。

书肆

"书肆"一词始见于西汉扬雄的《扬子法言》，他在其中说："好书而不要诸仲尼，书肆也。"由这句话，我们可以推断出西汉时期，书肆已经开始售卖书籍，而且主要出售儒家经典。东汉时期，朝廷对图书的管制比西汉时宽松，除了儒家经典外，诸子百家，特别是道家文献，也在书籍市场上活跃起来，书籍的流通速度也更加快。洛阳书肆里还出现了子书。自汉至唐，各代基本都贯彻"重农抑商"的国策，加上印刷术尚未取得通行，除少数佛经出现了印本，书肆当中的书籍基本都还是以手抄本为主。抄书不易，书的数量有限，因此当时书肆以经营旧书为主，主要目的是互通有无，调剂余缺，一般的商户尚无力自办书籍作坊。

书肆的出现使得官府藏书和私人藏书在数量上获得了极大的增长，质量上也取得了一定程度的提升。并且随着时代的发展，书肆里出售的书籍也与时俱进，不同的时代各有不同的侧重。如汉代崇尚经学，当时的"槐市"上出售的是以"经传书记"为主要内容的儒家经典。唐代诗歌盛行，科举考试也开始考量诗歌写作水平，当时书店就出现了大量的唐诗选本。宋代之后，随着雕版印刷术的流行，书籍的取得和买卖变得逐渐方便起来，书肆除了买卖书籍之外，有的还兼雕版印刷。

宋代图书虽然算不上昂贵，但部分精装书籍或者多卷本书籍价格不菲，一般的学子尤其是穷困者往往难以做到一次性支付书款。因此，宋代部分书商采用灵活的商业策略，除了普通售卖外，还允许赊销甚至租书，通过延长付款期限与降低短时间内的租书价格来促进图书销售，显示出不凡的商业胆识和智慧。一些书商就是在这个过程中积累起良好的商业信用和消费人群的。

叶德辉的《书林清话》记载，宋代杭州城里最有名的书铺是临安府棚北睦亲坊南陈宅书籍铺。店铺的主人名陈起，自称陈道人，又称武林陈学士。陈起的书籍铺，以刊刻装帧精美的唐宋诗集声名昭著。江湖派诗人黄简因经济拮据，无力全款购书。陈起注重江湖义气，允许其先行赊购。黄简对此感激万分，专门为此写诗记云："独愧陈征士，赊书不问金。"除黄简之外，陈起也将图书低价出售或出租给其他穷困举子，即史谓"成卷好诗人借看"。因为书籍定价低，还可以借阅和赊账，陈起的书店在当时显得难能可贵，赢得时人的交口称赞，因此经常顾客盈门，客流不断。这也是陈氏书坊在临安府众多书业竞争者中脱颖而出，成为知名书肆的原因之一。

杭州书坊

北宋时，杭州已经有书坊，不过还不算盛行。南宋政府建立以后，杭州的私人书坊日渐增多，仿佛雨后春笋一般冒涌出来。

由于书铺所售书籍以儒家经籍为主，所以书坊也往往别称经铺、经坊、经籍铺或经书铺，兼售其他种类书籍的，也叫文籍铺。当时杭州棚北睦亲坊南陈宅书籍铺、太庙前尹家书籍铺、保佑坊前张官人诸史子文籍铺、与修文坊相对的王八郎家经铺、橘园亭文籍书坊等，都是比较有名的书铺。

吴自牧的《梦粱录》记载，"水巷桥河下针铺……沿河桥下生帛铺，郭医产药铺，住大树下橘园亭文籍书房"都是读书人爱去的地方。而其中刻书最多、售书名气最大的，就是上文所说的棚北睦亲坊南陈宅书籍铺。清代丁丙的《武林坊巷志》记载，陈宅之陈，乃指陈宗之宅。他乃钱塘本地人，宋宁宗时，乡贡第一。人称其为陈解元。"事母至孝，居睦亲坊，开肆卖书以奉母。"

南宋临安府除了陈起的陈宅书籍铺外，还有另外两陈，加起来共"三陈"。《南宋古迹考》云："南宋临安书籍铺著名者三人，皆隶钱唐，而两陈又都以售书贾祸，又都以道人称。一为陈思，汇刻《两宋名贤小集》，书尾刊于临安府棚北大街陈氏书籍铺，是也。一为陈起，自称陈道人，在睦亲坊开书肆，能诗，江湖诗人多与之游。一为小陈道人，亦卖书者，为贾似道编管。"

当时的书坊、书铺除了卖书外，往往还能雕版印刷书籍。如陈道人书籍铺，刊行了《释名》《图画见闻志》《湘山野录》《灯下闲谈》《挥麈录》《剧谈录》《续世说》《画继》八种图书。又如太庙前的尹家书铺，刊刻了不少小说异闻，如《述异记》《渑水燕谈录》《茅亭客话》《却扫编》《箧中集》《北户录》等。

另外，从东京大相国寺附近搬到临安府中瓦南街东的荣六郎家，也印行了不少经史书籍，因校勘精良，深受士民的喜爱。

除经史书籍、小说杂谈广受欢迎外，南宋时，因杭州成为政治、商贸中心，商贩所售物品极为丰富，绸缎、茶叶、油纸、棋子、扇牌儿、经文、供朝报、选官图等应有尽有。行旅往来，往往喜欢先买一份《朝京里程图》（类似如今的交通地图）以备查询。时人在白塔桥边题诗云："白塔桥边卖地经，长亭短驿甚分明。如何只说临安路，不较中原有几程。"诗人表达的虽是故土沦陷之痛，却也切实写出了杭州商业之盛，甚至地图都算得常见商品。

杭州刻书

从吴越国时期开始，杭州就盛行刻书。经过两宋的发展，杭州的刻书事业名冠全国。与之配套的是杭州的精工良墨也十分普遍，加上佳纸的配合，杭州成为名副其实的刻版印刷中心。元朝时，连官方文籍都会放至杭州刊刻，如大德三年九月，江浙行中书省就奉旨刊刻《大德重校圣济总录》；延祐二年又有诏让浙江刊印《农桑辑要》万部，其也是在杭州完成的。后来杭州又陆续刊刻了《大元一统志》《说文解字》《礼经会元》等书。

杭州刻书机构众多，官方刻书机构最著名的要数西湖书院。西湖书院宋时为国子监，宋亡后国子监也跟着废弃。到了元代，人们在原址重建，改为西湖书院。当时西湖书院有学田，钱粮较为富足，每岁所入除了供应师生饮食和祭享之外，剩余的便用来刻书。根据清代顾炎武在《日知录》中的记载，宋元时代的书院刻书，往往得山长亲自校勘，校对精细且不惜时间与金钱成本，雕版也可存放在书院，不需经过官方审核便可印行，较为方便。西湖书院修补了宋朝国子监的一百二十余种书版，书手与刊工加起来多达九十二人，重新雕印了经、史、子、集四部缺少的书版七千八百九十三块。除此之外，苏天爵的《国朝文类》七十卷、马端临的《文献通考》三百四十八卷、岳珂的《金佗粹编》二十八卷及《续编》三十卷都是在西湖书院新刻印行的。

相比于书院刊刻的繁荣，元代时，民间的书坊则略显颓势。元代可考的有杭州书棚南经坊沈二郎书坊、睦亲坊沈八郎书坊、勤德堂、武林沈氏尚德堂等。这些书坊印行售卖的书籍除了科举相关书籍外，比较流行的就是受众广泛的戏曲了，《古杭新刊关大王单刀赴会》《尉迟恭三夺槊》《李太白贬夜郎》《辅成王周公摄政》等都是这些民间书坊刊刻印行的。

到了清代，同治三年（1864），在浙江布政使杨昌浚、按察使王凯泰等人的努力下浙江官书局成立了。得益于杭州著名藏书家丁丙、丁申弟兄的八千卷楼善本书室，浙江官书局刻书就有了校订精良的底本可供使用。加上浙江官书局本身校勘人才辈出，谭献、黄以周、张大昌、张颜、王治寿等经史学家、词章学家都曾在这里任校勘。因此，精选的底本加上名家精校精勘，使得浙江官书局雕版印刷的书籍深受欢迎。丁申的《武林藏书录》记载，官书局先后刻书多达二百余种。经、史、子、集四部均有所涉及，如经部的《钦定七经》《四书集注》《四书约旨》等，史部的《九通》《孔子编年》《续资治通鉴长编》等，子部的《二十二子》《张氏医书七种》《玉海》等，集部的《沈氏三先生文集》《古文渊鉴》《唐宋文醇》等都在这里刊刻。

湖州套印

元代时，已经有人发明了朱墨双色套印，但只限于佛经的印行。明代时，湖州成为全国著名的书籍集散地之一，与南京、徽州并称为全国三大刻书中心（一说为南京、建安和徽州）。湖州的雕版印书业极为发达，尤以闵、凌二家为最。他们将元代佛经印刷中的朱墨套印技术发扬光大，逐渐从双色研发出了三色、四色乃至五色套印。

陈继儒在《史记钞》序言中云："自冯道以来，毋昭裔为宰相，一变而为雕版。布衣毕昇再变而为活板。闵氏三变而为朱评，书日富亦日精。吴兴朱评书错出，无问贫富好丑，垂涎购之。然不过一二卷或数卷而止。若《史记》卷帙既重，而品骘尤真。"说的是闵氏复现朱墨双色套印之后，将之用于印书事业，获得了民众的追捧。

闵氏即乌程人闵齐伋，是朱墨本的发起人。凌氏则指凌濛初和其兄凌瀛初以及族人凌澄初、凌延喜、凌性德、凌杜若、凌弘宪等人，继闵氏之后，他们也开始使用朱墨双色套印刻书，刊印了《孟浩然诗集》《王维诗集》《红拂记》《琵琶记》《晏子春秋》《诗经》《周礼》等书籍文字。闵、凌两家印行了不少书籍，在技术上你追我赶，三色、四色乃至多色套印本也逐渐被开发出来。

闵、凌二氏刊印的套色书籍，因制作精良，墨色清晰，一经问世，就深受读书人的喜爱，成为畅销书籍，极大地推动了湖州的书籍市场与印刷产业的发展。

浙江印刷业

宋朝时，中国的印刷业极为发达。河南汴京在北宋时是"八荒争凑，万国咸通"的繁荣都市，因此也成为全国刻书业的中心，浙江的临安（今杭州）虽然在南宋时才成为全国政治、经济中心，却在北宋时就已经成了全国印刷业的中心。当时人称"监本刊于杭者，殆居大半"并不是夸张的说法。叶梦得在《石林燕语》卷八中也说："今天下印书，以杭州为上，蜀本次之，福建最下。京师比岁印板，殆不减杭州，但纸不佳。"其原因不仅是当时杭州雕版工人荟萃，还在于浙江婺州、衢州盛产纸张且质量优良，基本上经、史、子、集的图书都大量在杭州印刷。浙江的工匠字体方正，刀法遒劲圆润，雕版技术达到了相当高的水平。

明代时，浙江已经出现了铜活字印刷。正德本《诸葛孔明心书》书前有题识云："兹用活套书板翻印。"说明当时印刷用的是铜活字。题识末又云："正德十二年丁丑夏四月之吉，琼台韩袭芳题于浙江书舍。"正德十二年（1517）乃明武宗在位时期，韩袭芳乃海南文昌县人，弘治十五年任江西宁都训导，后改庆元教谕。这本书当印于韩氏在庆元任职期间。庆元今属丽水市，位于浙江南部，地理位置较为偏僻。既然庆元已有铜活字，那么浙江的其他地方应该印刷业更发达。

到了清代，新昌人吕抚在乾隆元年（1736）就用泥活字印刷了自己的专著《精订纲鉴廿一史通俗衍义》二十六卷。吕氏还在此书的第二十五卷详细说明了他的泥活字印刷方法："抚因思一法，以秫米粉和水捻成团，如梅子大，入滚汤内煮令极熟。去汤，用小木捶练成薄糊，待牵丝不断，以大梳梳弹过新熟棉花和匀，乃和漂过燥泥粉，放厚泥板上，乃斧杵千百下，宁硬无软。"吕氏的这种泥活字甚至不用烧炼便坚于梨枣，可直接使用。只可惜后来没能流传开来。不过，这也说明了浙江的泥活字印刷极为普遍，不然吕秀才也不可能纯粹凭想象就在家里闭门造车，发明出泥活字来。事实上，清代时，嘉兴王氏信芳阁、宁波文则楼的泥活字印刷已经相对比较成熟了。

只是关于活字印刷的具体工价，较少见到文籍记载。常州刊的《易经如话》背面的木戳说明大概可以借鉴一二，其云："用上白连纸及写校之费，每篇本价银三厘，装潢每帙本价银一分。"这大约就是当时的价格。

浙江印刷业发达的原因，除了先进多样的活字技术之外，还和精良的写手工、刻工、印工等具体书写、雕版、印刷人员切实相关。宋代时期写工、刻工、印工、装备工就已经分工明确。目前，书籍印有写工姓名的不多，但凡有的，属于浙江的却不少，比如北宋"杭州赵宗霸开"刻本《大隋求陀罗尼经》、南宋钱塘鲍洵书字的《文选五臣注》、傅穉子手写的《施注苏诗》等。宋版书上留下刻工名字的很多，他们署名篆书、楷书、行书、草书皆有，一般用阳文，偶用阴文，名字有时用全名，大部分时候只留姓，或只留名。北宋时官方刻书多为临时召集刻工，雕造完，即四散而去，刻工留名的情况比较少见。熙宁二年（1069），吴钤、叶桂曾在杭州雕刻佛经。到了南宋时，专业的刻工数量超过万人。

书坊作为长期刊刻、经营书籍的场所，长期雇有刻工。如临安陈氏书坊就有刘尚、刘宗、余同甫、余才等人。太庙前尹家书铺也有吴升、任清、吴敏等长年在位。浙江的刻工因手艺精湛，不仅以此在浙江为生，有时还会被其他省份的人邀请或雇用，如福建三明市宁化县刻《群经音辨》时，曾请了浙江东阳的刻工前去帮忙。

新书传播

宋代书商喜欢在刊刻图书的时候，将同系列书籍或即将刊刻的其他新书放在书后的附录里。读者在买到这本书的同时，还顺带了解了这一系列书籍和即将刊行的其他图书。这一举动，无形中起到了推介新书和预告的作用，对于新书的传播具有极好的广告效应。如四川成都万卷堂刊刻《新编近时十便良方》一书时，就在书后附有《太医局方》《普济本事方》《王氏博济方》《集验方》《鸡峰普济方》《本草衍义》《南阳活人书》等十余种医书，读者可以根据这一份推介目录，求购自己想要的医书。又如刻本《后汉书》出版时，书末也载有新书推介广告，"今求到刘博士《东汉刊误》，续此书后印行"。这里提到的刘博士《东汉刊误》，从内容上看，本就是对《后汉书》的校订和补充，称得上《后汉书》的后续配套图书。因此，这个附录式广告一放，就取得了不俗的营销效果。今天，不少图书末尾还会放上同系列书籍的名称，大概就是学习宋代的新书传播策略而来的。

杭州作为宋代中国的书籍中心，自然也有类似的附录作广告。虽然到了明清时期，书籍刊刻的中心逐渐向江苏和福建靠拢，浙江略呈颓势，但随着官刻、家刻的非营利色彩逐渐淡薄，其商业化的出版事业渐具规模。为吸引读者，书坊、书商开始考虑从纸张等多个方面加强对书籍的包装与宣传。明代胡应麟的《少室山房笔丛》记载："凡书之值之等差，视其本，视其刻，视其纸，视其装，视其刷，视其缓急，视其有无。"可见商家为了提高书籍的售价和销量，在书籍的版本、刻工、纸张、装帧、印刷乃至市场需求调查上，都下足了功夫。

邸报

　　"邸"原指战国时诸侯王朝见天子时在京城的住所，汉代以后成为诸侯王和地方官员觐见君王时在京师的临时住所，再后来诸侯王制废除，"邸"逐渐变成了地方官员的驻京办事机构。中央和地方之间通过"邸"沟通信息，"邸"也成为散播信息的来源之一，具体功能上，类似于今天地方政府的驻京办事处。

　　一般认为中国官报的孕育，始于唐代中期。这一内容的出现与唐代藩镇制度的发展紧密相连。随着藩镇势力的日益发展，各节度使纷纷在长安设立办事机构，即上文所说的"邸"，后改称上都知进奏院，简称进奏院。进奏院负责人称为进奏官。进奏院状就是进奏院所办的"邸报"，也叫邸抄、朝报、阁抄、杂报、条报等。"邸报"的内容源自起居注、月表、时政记之类的记载。进奏院定期把皇帝的谕旨、诏书、臣僚奏议等官方文书以及宫廷大事等相关政治情报，写在竹简上或绢帛上，然后由信使骑着快马，通过驿道传送给各郡长官，同时进奏院也负责将地方文书上传至朝廷。这些书面报告就是当时邸报的雏形。京城的官员通过阅读邸报了解地方行情，地方的军官也通过阅读邸报了解君王意向和京城形势，因此，在这个双向交流的过程中，邸报就成了重要的媒介。

　　我国古代报纸的历史，有确切文献记载的，始于唐玄宗开元年间的《开元杂报》，这份报纸现在收藏于大英博物馆与法国巴黎国立图书馆，名为"敦煌进奏院状报"，这是目前所知全世界现存最早的古代报纸。孙樵在《经纬集·读开元杂报》中，记载了某日京僚行大射礼于安福楼南，某日皇帝亲耕籍田，行九推礼，某日皇帝自东封还，赏赐有差等，说出了唐代邸报的具体内容。

宋代时，出现了专门抄录邸报以售卖牟利的商人。后来大概由于花钱即能购得，官员们为求省事，不再自行缮抄，乐于花些钱购买。随着邸报像普通商品一样，出现了稳定的供需关系，宋朝邸报的发行时间逐渐趋向固定，邸报发展成一种手抄的类似报纸的出版物。但是到目前为止，对宋代邸报，并不曾发现流传于世的原件，只在前人的著作杂记中看到一些零星的记载。

南宋朝报同北宋以前的邸报相比较，有了更多的报纸特征。它从官方文书中分离出来后，不仅官报的性质更为明显，而且缩短了刊期，从不定期或间隔定期到每日发行，从而提高了新闻的时效性；其传发范围也不再限于官场内部，而是公开上市。理宗年间，赵升的《朝野类要》卷四记载："朝报，日出事宜也，每日门下后省编定，请给事判报，方行下都进奏院，报行天下。"

明代特别重视实施邸报抄传发行体制，包括浙江在内各省驻京提塘官均兼管这项事宜，其办事的寓所也被称为提塘报房。提塘官从吏、户、礼、兵、刑、工六科抄录邸报原件后，专程快马送给各省巡抚、总兵等省级长官；另外，又雇用民间抄报人誊抄若干份，由塘兵排日递送下属府县。清代关于邸报的传发，基本上沿袭明制，浙江驻京提塘还发行过一种未经许可的小报。明末崇祯年间，随着印刷术的进步与普及，邸报从手抄本、木刻印刷本变为活字印刷本，发行规模也进一步扩大。清初顾炎武说："忆昔时'邸报'，至崇祯十一年（1638）才有活版。"

清代沿袭明朝制度，分设京塘、省塘，邸报业也得到进一步发展。在清代乾隆朝之后的各朝里，各省派驻京城的提塘即京塘，京塘自设报房已成为惯例。且各省京塘所设立的报房除了传发邸报之外，也曾经发行过一种被称作"小抄"的小报，里面记载的大多为未经六科发抄而自行抄录的朝政要闻。提塘报房的位置一般选在距离发抄诏令、题奏等件的六科不远，会馆、商店和茶楼酒肆密集之处，以便于呈递官方文书和传发邸报。省塘则是指兵部设立于各省会的提塘。在杭州设立的省塘，除了发送京省之间的官方文书和邸报，其所建报房同时还翻印刊行北京民间报房发出的京报。当时邸报成为广大官吏、学者，甚至平民都能阅读的报纸。清朝内阁在北京东华门外设有"抄写房"，每天由报房派人去那里抄取当天发布的新闻，时称"宫文书"。报房人取得抄件后，争分夺秒，即刻排印，除被称为"宫门抄"的朝廷政事、动态的报道和谕旨全部照登外，亦会适当选用部分奏折的内容。清末时，邸抄之外又出现了"京报"，并且"京报"配备专门的报房来经营管理，发行部门初具规模，开始有了报纸的雏形。

尽管邸报名称屡有改变，但发行却一直没有中断过，其性质和内容也没有过多变动。一直到 1912 年，清朝皇帝退位，邸报才停止刊行。

探事人

北宋末年，外敌环伺，内忧不断，政治危机风起云涌，社会环境朝夕瞬变。不仅朝廷和地方官员急需了解国家周边环境和国内具体信息，民众也希望了解社会变迁。这种环境下，邸报在时效性上明显不足，具体内容上又受限于政治环境，逐渐不能满足大家的需求。民众对社会变化的关注让商家嗅到了金钱的味道，于是迅速发展出"小报"业务，提供朝廷与社会的最新第一手资料，尽可能地将报纸做成"一种专业"。当时出现了"专以探报此等事为生"，即类似于今天新闻记者的行业人群。封建专制控制下的邸报的信息媒体作用开始逐渐减小，因消息灵通而著称的地下小报逐渐登上历史舞台。

南宋时期，社会上已经出现了专门为"小报"提供新闻素材的探事人，这些人身上已经出现了现代记者的特征，比如撰写时事政治的，就有内探、省探、衙探等人被分别派到皇宫大内、门下和中书等省及省以下的衙门探听消息。这些探子所得，成为当时"小报"的重要消息来源。小报传播消息的速度与邸报相比相对较快，甚至有时朝廷政事还未发布诏令，"小报"早已在朝报到来之前传递消息。

当然小道消息也常有失灵的时候，"无中生有"更是古今娱乐小报的通病。因此，朝廷与各级政府部门往往严格查禁这一渠道。如《元史》刑法四所言，"诸但降诏旨条画，民间辄刻小本卖于市者，禁之"。但无论如何，"小报"开创了中国民间创办报纸的先河，这一商业模式对今天的报刊行业，依旧有借鉴意义。

民间报房

16 世纪中叶，随着政治风险的增加，明王朝开始允许京城的百姓开办报房，此后不久，这个民间办报之风就刮到了一些省会城市或者较大的府县，民间的私营报房数量迅速增加。浙江杭州和绍兴这两个商品经济较为发达的城市先后出现了专业的抄报人和民间报房，其也被叫作"买朝报"和"消息子"。

邸报主要为朝廷和官员服务，内容以政治为主，相对而言经济属性较弱。但民间报房与此不同，它们以营利为目的，因此赚取利润是最大追求，有时甚至达到锱铢必较的地步。如杭州等地民间开办的报房，会通过送报人向读者收取一定的费用，当时被称为"邸抄之费"。

清代前期对文字的限制比较严格，康、雍、乾三朝都曾发文禁止民间私抄邸报和开办报房，因此，乾隆中期以前，民间私人抄发邸报或者发行报刊的行为并不普遍。顺治、雍正王朝时政府曾取缔民间报房，但由于商业利益的驱使，始终未能完全禁绝。

雍正初年，浙江曾发生过两起文字狱，据传事情源于查嗣庭、汪景祺"讪谤朝廷"，此事之后政府委派王国栋来浙江巡察风俗。雍正五年（1727）二月王国栋的奏章记载："臣到浙江时，访闻民间有胥役、市贩合凑几家买阅邸抄者。臣思小民无知，不宜与闻国事。虽皇上所行率皆化民成俗、仁育义正之事，无不可使人知者。但此辈一阅邸抄，每多讹传以惑众听，诸如此类，亦风俗人心所关，臣已严行戒饬，倘有犯者，立拏重惩。"奏章所言，虽是诉说民间对邸报多有误解，以讹传讹，应当戒惩，却也从反面证实了当时浙江的私营报业在官方的打压下，依旧生生不息。

到了清代乾隆中叶，政府进一步放宽对私人办报的限制，民间报房出现了兴盛的迹象。其购买专业的刻印设备，雇用员工抄写、刊刻、印刷、售卖，形成一条龙服务。随着民间报刊商业的日益活跃，报刊行业在一定程度上显示出了职业化的倾向，逐渐变成社会上的一种不可或缺的行业。

有人专门以编发报纸为生。北京城里不仅消息渠道多，而且读者也多，在京城的正阳门一带就有着庞大的读者群体，其中有经济殷实、政治势弱的商贾，有往返京城与地方之间的旅人，有

游离于政治权力中心的士大夫阶层，也包括供应宫廷用品的城外庞大服务群体，乃至市井之中的平民百姓。报业渠道多和强大的消费群体促使北京私营报业欣欣向荣。

对于民间私人创办的报房，报费是其主要进项。据记载，"白本报房"时期，京报以手抄为主，抄工比较昂贵，每月的报费大概为一两二钱，实行刻印之后，发行量飞速增长，每月报费仅二钱，再后来调整到三百文，即每份十文。而各个报房收费原来各有各的标准，只是在时间的洗礼中逐渐走向统一。光绪三十年（1904）二月，北京各报房通过协商讨论，曾"将报资酌定一律价目"并发表公启。这是中国京报史上第一次以行业的名义统一报价，并一直延续到清王朝结束。其他报刊也纷纷效仿。除了传播政治、社会消息，发布广告外，某些报房为增加收入，还注重周边文创产品的开发和运用，如印卖缙绅录、鼎甲单，并出版时事小本等，这些书册的出版，深受民众欢迎，也为民间私人报社带来了丰厚的商业回报。

浙江近代报刊业

晚清以来，中国新闻出版业发展迅猛，浙江作为清代的文化重镇，其报刊业也极为发达。晚清到民国时期，浙江创刊的报纸多达一百余种。

近代中国的报刊，是随着西方列强的入侵而出现的。浙江最早的近代报刊是 1854 年由美国传教士玛高温创办于宁波的《中外新报》，不过这份报纸流传时间不长，六年后即停办。

然自外国人在中国创办报纸后，中国知识分子很快就意识到报刊巨大的社会舆论价值，于是从 19 世纪 70 年代开始，国人纷纷投身报业。戊戌变法前后，为了宣传维新思想，中国的资产阶级更是开始大量办报办刊，从而迎来了中国近代报刊史上的第一个高潮。这个时期，浙江也创办了大量的报刊。比较知名的有如下几种：1897 年创办于温州的《利济学堂报》，宣传维新变法的同时还介绍西方的医学知识和科学技术；《算学报》则是中国最早的数学杂志之一；创办于杭州的《经世报》借古言今，宣传维新变法以求救亡图存；1901 年创办于杭州的《译林》刊登外国译著，介绍资本主义国家的知识以开民智；《杭州白话报》是我国创刊时间早且影响大的白话报之一，在抨击外国侵略和本国封建统治的基础上，提倡社会改良和文明御外；1902 年创办于杭州的《浙江五日报》主张兴办新学培育人才；1903 年创办于绍兴的《绍兴白话报》同样以反封建为中心，提倡民众爱国；1904 年创办于金华的《萃新报》宣传爱国救亡，提倡实业教育；《东浙杂志》在宣传爱国救亡的同时，主张地方自治与君主立宪；1906 年创刊于杭州的《著作林》刊发落魄文人、退闲政客的作品与故事，为文人发声；1908 年创办于绍兴的《绍兴公报》重视自然科学知识的传播；《绍兴医药学报》则宣传医药科学化，旨在推动医药事业的发展；1909年创办于杭州的《农工杂志》提倡技术改革和实业进步；1911年创办于宁波的《朔望报》则推崇尚武精神，针砭时弊，鼓励学术发展。总体而言，当时的刊物以宣传政治维新和发展实业教育为主，兼及引领社会风尚。

辛亥革命后，浙江报业仍然以政治性刊物为主，但同时出现了一些专门性报刊，如 1913 年创刊于宁波的《商学协会杂志》，包含社论、选论、专论、译作、调查报告、法制及商业丛谈等栏目。1921 年创刊于杭州的《浙江商报》，是杭州市总商会机关报，刊登的内容总体与商业和经济密切相关，如经济新闻、商贸政策与行情、与商业经济相关的行政法规等。文学报刊也进一步发展，1913 年创刊于绍兴的《桑社》和 1932 年创办于杭州的《小说月刊》，刊载了不少当时的文学佳作。另外，还出现了《妇女旬刊》《儿童时报》《杭州学生联合会会报》等以妇女儿童和学生为主要读者的期刊。读者群体进一步扩大，期刊业也得到进一步发展。1932 年，杭州还创办了专业出版刊物《中国出版月刊》，这是国内可见的最早专业刊物，成为现代浙江出版业的重要资料。

抗日战争时期，浙江的多家报社被毁。随着日寇入侵，浙江许多城市在战火中沦陷，当地的报刊也被迫停办，如《浙江商报》《浙江新闻》等刊物纷纷停刊；剩下的也进行了转移，如《东南日报》《正报》等迁至金华，金华沦陷后，《东南日报》又转迁至丽水、江山，《正报》则迁至龙泉。与此同时，也出现了不少抗战报纸，如 1938 年创刊于绍兴的《战旗》，1947 年创刊于浙江的《新文艺》。这些报刊的发展历程，不仅与浙江的政治、经济、文化和社会生活紧密相连，而且对整个中国的经济发展也起到了不小的作用。

报刊分离

中国近代早期的报刊业，原不分期刊与报纸，也不以新闻作为报刊的主要内容。当时各种包含新闻报道与爱国理论、实业救国理想等内容的出版物，都统称为"报"。从清光绪二十一年（1895）开始，杭州出现近代报刊。当时报刊业务分类不明。一直到 20 世纪初，即光绪三十年（1904）秋金华创刊的《东浙杂志》始以"杂志"为名，改变了中国报刊界报纸、期刊混淆的状态。辛亥革命前后，报、刊的内容和业务类型及具体刊期逐渐体现出报纸和期刊的差别，报、刊分离趋势逐渐明显。此后"报"就专指新闻类散页状出版物，现代形态的报纸就由此逐渐发展而来。

　　具体而言，报、刊分离后，这两类不同的刊物在刊期、形制、编排等方面做了适当的修订和改良。从刊期上看，浙江的报刊在辛亥革命后，报纸类刊物出刊时间缩短，如原是旬刊的《杭州白话报》《绍兴公报》都改成了日报，每天出刊，而期刊则出刊时间较长，多为半月刊、月刊或双月刊。除此之外，刊物的版型也发生了改变。早期的报纸、期刊一般都是32开书册形式，木刻雕版印刷或者石印，再沿边缝线装。后来，报纸与期刊的分类逐渐明确，光绪二十七年（1901）后，大部分报纸使用散装白报双面印刷，如《绍兴公报》是4开4版，《四明日报》是对开4版。

钱庄典当

商贸集

宁波钱庄过账制度

宁波是我国钱庄业的创始地和发源地之一。明万历年间，商品经济的发展使得外国货币不断涌入，国内出现银钱并用的现象，众多现兑店应运而生，并且随着规模的逐渐扩大，最终演变成了钱庄。宁波钱庄也正是在这时兴起的，比山西票号早了近一百年。宁波钱庄在商业经营的过程中，职能范围从最初的兑换货币逐步发展到吸收存款、发放贷款。随着业务范围的不断扩大，在19世纪20年代，宁波钱庄就发明了过账制度，成为当时我国银行业信用支付手段最全面的钱庄。鸦片战争之后，随着商业行为的流动，过账制度进入高峰期，并拥有了比较完善的体系。

宁波钱庄的过账制度之所以能够存续多年，原因之一在于其严格规范的操作流程。当时的过账制度分为四种形式：一、账簿过账，不同的钱庄使用相同的过账簿格式，每本过账簿上面写明客户姓名（或户名）和钱庄名称，这属于过账制度中最普遍的一种方式；二、账户转账，即存款人用自己在钱庄的账户余额转账支付给对方；三、庄票过账，指付款方用钱庄的庄票代替现金支付给收款人；四、信札过账，这种过账空间范围较广，一般指非同城或非同乡的客户在结算时以钱庄转账代替现金交付。与现金交易"一手交钱，一手交货"的流程特点不同，过账交易基于交易双方对钱庄的信任，因此交易过程中不需要携带商品和现金，只需在钱庄的过账簿中登记，即可完成交易。这种交易形式相比传统的商品贸易节约了大量的时间，提高了交易的效率，减轻了商品的货运成本，因此在当时极大地促进了宁波商品贸易业务的发展与繁荣。

宁波钱庄过账最常采用的是账簿过账，开业时将过账簿送给顾主。这种簿一般长 6 寸，阔 4 寸，以蓝绸为面，页数从 80 到 100 不等，双面书写，每面又可分为上下两格，每格各八行，上下格之间留寸许空，以别收付。过账簿面中间的留空处填写顾主户名，再在左边写上某某钱庄，右列年份。凡带此簿，即可过账。针对路途特别遥远的乡镇，账簿过账则不是很方便，这种情形下钱庄则会用信札过账。只要顾客在宁波钱庄有账簿，就可向宁波商店或个人收解款项。

宁波钱庄的庄票，统称为"上票"，主要在埠头、乡镇使用，一般用来解付款项。用庄票者必须搭配信札一起使用，但使用信札者却可以不用庄票。庄票分三联：左联为票根，存于钱庄；中联为票面，右联也是票根，这两项在钱庄开业时交给顾主。庄票以支款凭印为数，钱庄负责查验。各地的商号或个人，若与宁波钱庄有交易往来，可托付钱庄转取或转付。

另外，经折也是宁波钱庄常用的过账工具，供一般存款者使用，主要用来支取货物。经折折面不写字，而把存户记号书于折心之面，折内不仅有钱庄用来做凭证的图案，也有客户自己设置的篆印。为保护存款人的利益，这些只有存款方与钱庄知晓。因此即使偶尔发生经折遗失的情况，拾得者往往也无法立时获利。

宁波钱庄过账制度的使用，对于当时的社会经济而言，主要有两个方面的作用。一方面，过账制度的建立，有力促进了宁波工商贸易的发展。因为过账制度在一定程度上代替了现金交易，客户不用提着金银上路行走，大大提高了商品的支付结算效率，避免了随身携带大量银钱引发的不安全感，对近代宁波商贸的发展起到了极大的促进作用，并且中国经济金融因此摆脱了长期以来以现金交易结算为主的限制，为宁波经济的发展提供了极大的便利。另一方面，过账制度增加了货币流通量。自从过账制度实行以来，社会上现金货币与记账货币同时通行，就相当于增加了全社会的货币供应量，极为有效地缓解了 20 世纪初期我国现金货币短缺的问题，实际上推动了当时的生产与消费行为。

温州呈会

呈会是一种民间互助借贷形式，在福建、台湾叫标会，在台州叫印会，从法律意义上讲叫合会，另外也称"拼会""请会""摇会"等。这是中国古代民间盛行的一种借贷形式，也是传统的民间经济互助风俗。

呈会起源甚早，一说早在东汉时期，民间已经出现了互助的呈会模式。在敦煌藏经洞发现的文献里，已经出现了关于呈会的记载，说明最晚在唐代，呈会已经在中国西部流行。

呈会是原始的民间金融互助形式。一般都有会主和许多会员。早期的会员主要来自亲朋好友，例如有十人参加"呈会"，每人出百元，那就呈千元的会。会里谁家要用钱，就从会费中取用；如果大家都想用，则抽签决定先呈给谁；或者谁家急用，就将钱先给谁家。总之会费的使用一般由会员商量，最后由会主决定。后来随着时间的推移，呈会的主体构成逐渐变得复杂。参会者并不再拘泥于亲戚朋友，而是遍布社会各个阶层，呈会成了"会员制金融互助小组"。只要定时交纳会费的人都可以参加，所以会里既有工人、农民，也有中小企业主；既有家庭妇女、失业人员，也有百万富翁、政府公务人员，甚至还有专事金融行业的职工。与此同时，呈会也不再局限于一城一地，而是逐渐取消地域限制，有时会出现跨市、跨省甚至会员遍布全国各地的大会。

温州商品经济发达，当地人头脑灵活，早早就设立了呈会这种形式的组织实施金融互助。根据洞头县 1996 年的调查，洞头靠海，当地大多数家庭都参加"呈会"，原因主要可以分为三类：第一，村民有建房或集体购置新船等需要，急需一笔资金，而个人又无力承担，因此便会通过呈会的方式筹集。对于村民来说，这种方式既可分期还款，化整为零，减少偿还压力，同时又能享受低于高利贷的利率；第二，有的村民加入呈会是出于强制存款的初衷。这部分村民通过平时的省吃俭用，攒下零钱存入呈会，最后通过零存整取的方式，取回存款和利息，这样一来，既可以防止胡乱花钱，又能为后来的生活提供保障；第三，村民参与呈会之后，急需用钱时，可通过呈会的会费来应急，避免了借高利贷还高利息，并且不仅存入可以化整为零，连还钱也可以化整为零，大大减少了还款压力。温州的呈会，一般由呈会发起人邀请亲朋好友参加，本着自愿互助的原则，约定每月、每季或每年举会一次，每次举会，各个成员提交同等数量的会款（称为"会金"），借给会员轮流使用。借款人多，会主无法决定先借给谁时，往往会先收第一次会款，然后通过排序的方式或者直接摇骰子、抓阄来决定参会者的资金使用顺序。

呈会这种经济互助方式，为温州的经济注入了充足的金融活力，使得当地的民众可以齐心协力发展生产，振兴经济。

温州典当行

典当业属于全世界最古老的行业之一，而中国是最早出现典当活动并由此形成典当业的国家之一，距今已有一千八百多年的历史。目前已知的关于典当活动的记载最早见于《后汉书·刘虞传》："虞所赍赏，典当胡夷。"说明在刘虞所处的时代，已经出现了典当行为。典当行在中国各个朝代名称不一，有"质库""解库""典铺""长生库"等多种称呼。

一般认为，东汉是中国典当活动的萌芽期。唐五代时，市井街巷出现维生困难之人通过典当自己的物品生存下去的情况。到了宋朝，出现了正式的典当行。明清两朝典当行业兴盛，到了清末民初又渐渐衰落。新中国成立初被取缔，改革开放后又复兴。

典当行业与一般的借贷业不同，一般而言，当铺收取典押人的物品，并对抵押品进行估价，从而确定借款数目和具体利息。典押人若是到期不赎，抵押品就归当铺所有，任由当铺拍卖。典当行就通过利息和拍卖不赎品来获取利润。这种经营方式与当代的抵押业务相近，是抵押银行的前身，也堪称当代金融业的鼻祖。

温州典当业历史悠久。宋代时温州已经有关于典当业的明确记录。乐清县令袁采《袁氏世范》卷下《治家》记载："（南宋淳熙五年）今若以中制论之，质库月息自二分至四分，贷钱月息自三分至五分，贷谷以一熟论，自三分至五分，取之亦不为虐，还者亦可无词。典质之家至有月息什而取一者。"这段记载将质库与民间的典当行分而论之。在当时民间有的典当行向质押人收取百分之十的月息，利息之高，远超质库和普通的借贷，基本属于高利贷一类。而明代王瓒等人编撰的弘治《温州府志》卷十二《人物三》中则记录了另一则典当事件："陈光庭，乐清人，嘉熙庚子（1240）大旱，岁饥，死、徙不可胜计。光庭创东、西二仓，节己口腹，聚谷于中，令里人以物质谷，不取其息。春耕则纳质以取谷，秋收敛则纳谷而取质，民咸德之。"即宋代陈光庭在饥荒年间，通过收取典当质押物品，将钱无息借给当地民众用于春耕买谷，待到秋天民众收谷得钱后，再将质押的物品赎回去。他这种无息典当的行为，受到了当地民众的交口称赞。

　　明清时期，温州的典当业进一步发展。尤其是乾隆之后，温州的典当业极为兴盛，比较出名的有永嘉城内的善赉当铺、德丰当铺、仁和当店、通济当店、公大当店，瑞安县城的大赉当铺，乐清县的大荆镇张氏当店，平阳县的鼎盛当店、殷大同典当等。清代，随着温州典当行的发展，其利息较之宋代已有所下降，但仍远远高于浙江其他地区。道光二十一年瑞安赵钧《过来语》记载："瓯俗典铺起息，比省会重三倍有余，如当钱三十五千，一月该利八百七十五文，省会五十两，八厘起息，一月只合二百八十文。"按照他的记载，当钱三十五千文，月利就要八百七十五文，折算成月息是百分之二点五，年息则高达百分之三十。相比之下，省城杭州的月息才百分之零点八，温州的月息竟是杭州的三倍之多。当时温州的典当行利润极高，除了典当行之外，一般的代理典当点（时称代当）也纷纷兴起。温州的典当行一般规定，当物的价格，由店方当场讲定，并出具当票，作为取赎凭证。票上写明典当日期、物品名称、数量、质量等。而且当铺为推卸当品受损时所需承担的责任，常会在当票上胡乱添加贬语，例如完好无损的毛货却偏写成"虫吃鼠咬，光板无毛"，碰上铜锡器皿，就加写一个"废"字，情况百出，不一一列举。当期之内，凭当票前来，质押方随时可以赎回物品，只需付清当价和利息，当时称之为"赎当"；如果到期不来取赎则称为"满当"，店家一般会再保留两个月，若仍不来取赎，当铺就会将抵押的物品拍卖掉，所卖之款归店家所有，类似于今天银行业务中的房屋抵押贷款流程。当铺按月计息，不满一个月者，也按整月计息，哪怕只有一天，也要按整月计息。当时温州的典当业务已经非常成熟，即使质押方不慎遗失当票，也可以在注明票面花色、当本、日期的情况下挂失，但为防止纠纷，这种情况在赎回时一般需要担保。

温州典当业店铺排面也与其他铺面不同。因典当行多珍贵物品，为保证行内店员和物品的安全，一般都会在店堂中建一个七八尺高的大柜台，这样即使当客身高一米七左右，也需要仰首向上，才能递进要典当的物品，并且尽力伸手，也只能够到柜台上沿一尺多远的地方。当铺大门之内通常列有巨大的屏风，这样既可以保证店铺有两个不同方向的进口，也对店内的顾客和交货物品起到隐蔽保护的作用。铺内还设有货架和库房，用来存放典当的物品。

丽水纠会和洋钱会

丽水有纠会和洋钱会，也叫摇会，与温州呈会类似，都是一种民间借贷关系。当地的中下层群众由于建房或经商、经济困难，往往邀请亲戚朋友，聚会集资。根据本息支付的情况，"纠会"和"洋钱会"有所不同。

纠会的发起人叫作"会首"，其他的参与人叫"会脚"。纠会里面，大家事先商定会员和会金数（如十人，每人百元，即一千元），第一次举会集资金由会首收取和使用。第二次举会，每人再拿百元，通过摇骰子来决定将钱借给谁，一般谁的点数最多，就给谁；依此类推，每摇一次，借一次，直到借完为止。有的纠会不收利息，纯属亲友之间互帮互助，这样的纠会也称"干会"；也有的会收取少许利息，这样的纠会称"计息会"，一般来说收款次序越靠后，收的利息就越高。

洋钱会也有会首和会脚。但与纠会不同的是，除第一期集资金为会首所得外，会脚得到集资金的先后顺序按其出资多少进行排列，多出的先得，但总体而言，每期都要凑足规定的数目，一般为一百金。例如，十人集资，每期筹集百金，那么洋钱会的会首应该付十五六元，认可第二期的会脚则较会首少而较认可第三期的会脚多，认可第三期的会脚又较认可第四期的会脚多，依此类推。认可第十期的会脚，每期仅付五六元。但十人所付之款，每期均为百金。之所以会有这样的差别，是因为洋钱会把利息融入本金之中。因此这里借钱，无须宴请，也不必摇骰子，大家根据自己的承受能力，自由安排。中华人民共和国成立后，随着银行贷款的规范，此类民间借贷形式已不存在。